数字化转型系列

U0125681

数字化转型关键技术

[美] 托马斯·埃尔　罗杰·斯托弗斯 ◎著
（Thomas Erl）　（Roger Stoffers）

方志刚 ◎译

A FIELD GUIDE TO
DIGITAL TRANSFORMATION

机械工业出版社
CHINA MACHINE PRESS

北京市版权局著作权合同登记　图字：01-2022-0853 号。

图书在版编目（CIP）数据

数字化转型关键技术 /（美）托马斯・埃尔（Thomas Erl），（美）罗杰・斯托弗斯（Roger Stoffers）著；方志刚译 . —北京：机械工业出版社，2023.10

（数字化转型系列）

书名原文：A Field Guide to Digital Transformation

ISBN 978-7-111-73905-0

I. ①数… II. ①托… ②罗… ③方… III. ①企业管理—数字化 IV. ① F272.7

中国国家版本馆 CIP 数据核字（2023）第 182147 号

机械工业出版社（北京市百万庄大街 22 号　邮政编码 100037）
策划编辑：王　颖　　　　　　责任编辑：王　颖
责任校对：郑　雪　李　婷　责任印制：张　博
保定市中画美凯印刷有限公司印刷
2023 年 12 月第 1 版第 1 次印刷
170mm×230mm・14 印张・167 千字
标准书号：ISBN 978-7-111-73905-0
定价：89.00 元

电话服务　　　　　　　　网络服务
客服电话：010-88361066　机　工　官　网：www.cmpbook.com
　　　　　010-88379833　机　工　官　博：weibo.com/cmp1952
　　　　　010-68326294　金　书　网：www.golden-book.com
封底无防伪标均为盗版　机工教育服务网：www.cmpedu.com

本书用通俗易懂的语言阐述数字化转型的驱动因素、实现要素、关键技术和解决方案。下面简要介绍本书的组织结构、涵盖和未涵盖的主题，以及在所有章节中使用的体例。

本书的组织结构

本书分为数字化转型驱动因素、数字化转型实现要素、数字化转型关键技术和数字化转型解决方案四部分。

第一部分包括第 1～4 章，分别阐述了什么是数字化转型、什么导致了数字化转型、什么推动了数字化转型，以及数字化转型的风险和挑战。

第二部分探讨了数字化转型的实现要素，包括第 5～7 章。

第三部分简要介绍了数字化转型的关键技术，包括第 8 章和第 9 章。

第四部分给出了数字化转型的解决方案，剖析了一个以客户为中心的数字化转型解决方案实例的业务场景，包括第 10 章和第 11 章。

本书涵盖的内容

- 数字化转型是什么，何时应用以及如何应用。
- 数字化转型是如何出现的以及为什么出现。
- 成功的数字化转型实现的商业目标和收益。
- 数字化转型涉及的挑战和风险。
- 数字化转型与以客户为中心的关系。
- 数据和数据智能的作用和重要性。
- 手动和自动决策的作用和重要性。
- 数字化转型的智能技术。
- 数字化转型的数据科学技术。
- 数字化转型的解决方案。
- 数字化转型解决方案如何获取数据并实现数据智能。
- 如何在现实世界中实现以客户为中心。

本书未涵盖的内容

- 数字化转型的安全问题。
- 数字化转型的规划。
- 数字化转型对组织结构和文化的影响。
- 管理和治理数字化转型。

本书体例

本书用蓝色表示数字化转型解决方案相关图和表，即数字化转型参与者的符号，包括组织、解决方案、人员、技术、产品等，如图 A 所示。

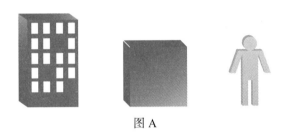

图 A

此外，转换箭头通常用于展示场景的进展，或者比较"之前"和"之后"场景，如图 B 所示。如果"之后"场景展示了数字化转型的应用，则使用图 B 中上图蓝色过渡箭头。如果不涉及数字化转型，则使用图 B 中下图所示的灰色箭头。

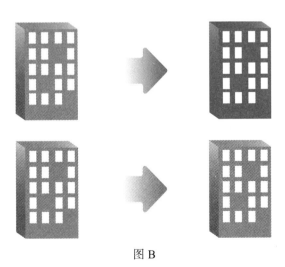

图 B

注释：经常会区分数字化转型和数字化优化。当目标主要是改善现有的业务运营、产品和服务时，则使用后者。当一个企业打算数字化转型时，目标通常也是将新的模式引入企业并推出新的产品和服务。为简单起见，本书中仅使用数字化转型这个术语。

阅读向导

正如本书所解释和展示的那样，以客户为中心是数字化转型的核心，以形成组织与客户之间的良好关系。实现以客户为中心是要尽可能使客户体验温暖和易于访问。为了将其付诸实践，本书引入图 C 所示的图标，来作为数字化转型领域的友好向导，以突出和总结关键主题。

图 C

Contents 目 录

前言

第一部分　数字化转型驱动因素

第1章　理解数字化转型 ················· 2

　1.1　业务、技术、数据和人员 ············· 4

　　1.1.1　数字化转型与业务 ············· 4

　　1.1.2　数字化转型与技术 ············· 6

　　1.1.3　数字化转型与数据 ············· 7

　　1.1.4　数字化转型与人员 ············· 8

　1.2　数字化转型解决方案与组织 ············· 10

第2章　数字化转型的业务驱动因素 ············· 11

　2.1　适应快速变化的市场，实现市场增长 ············· 12

　2.2　提高组织敏捷性与业务一致性 ············· 15

　2.3　摆脱低效率，增强数据智能 ············· 19

2.4　提升自动化能力与生产力 ··· 21

2.5　改善客户体验，提升客户信心 ······································ 24

第 3 章　数字化转型的技术驱动因素 ·································· 31

3.1　强有力和多样化的数据获取 ··· 32

3.2　数据科学技术 ·· 34

3.3　高级自动化技术 ··· 35

3.4　自主决策 ··· 36

3.5　集中化、可扩展、弹性的 IT 资源 ································ 37

3.6　不可变的数据存储 ·· 39

3.7　多体验访问 ··· 40

第 4 章　数字化转型的风险和挑战 ···································· 42

4.1　数据质量差和数据偏差 ·· 43

4.2　数字化数据增加，易受攻击的风险增加 ·························· 44

4.3　抵制数字文化 ·· 46

4.4　过度自动化的风险 ·· 47

4.5　难以治理 ··· 48

第二部分　数字化转型实现要素

第 5 章　实现以客户为中心 ·· 52

5.1　产品 ··· 53

5.2　客户 ··· 53

5.3　产品中心模型与客户中心模型的关系 ···························· 55

5.4 交易价值与关系价值行为 ·· 56

5.5 面向客户与以客户为导向的行为 ······························· 58

5.6 关系价值和温暖度 ·· 60

    5.6.1 沟通中的热情 ·· 61

    5.6.2 主动提供热情服务 ··· 62

    5.6.3 给客户奖励 ··· 64

    5.6.4 超越客户期望 ·· 65

5.7 单渠道、多渠道和全渠道的客户交互 ······················· 66

5.8 客户旅程 ··· 69

5.9 客户信息与客户档案 ·· 70

第6章 数据智能 ··· 76

6.1 数据来源 ··· 77

    6.1.1 组织数据 ·· 78

    6.1.2 第三方数据 ··· 78

    6.1.3 创建新的数据智能 ··· 79

6.2 常见数据类型 ·· 79

    6.2.1 运营数据 ·· 80

    6.2.2 客户数据 ·· 82

    6.2.3 社交媒体数据 ·· 82

    6.2.4 公共数据 ·· 83

    6.2.5 私营数据 ·· 84

6.3 数据获取方法 ·· 84

    6.3.1 手动输入数据 ·· 85

    6.3.2 自动输入或获取数据 ······································ 85

6.3.3 捕获遥测数据 ···································· 85

6.3.4 信息数字化 ······································· 86

6.3.5 数据输入 ·· 88

6.4 数据利用 ·· 88

6.4.1 分析和报告 ······································· 89

6.4.2 自动化决策 ······································· 90

6.4.3 解决方案输入 ····································· 90

6.4.4 机器人驱动的自动化 ······························ 90

6.4.5 模型训练和再训练 ································· 90

6.4.6 保留历史记录 ····································· 91

第 7 章 智能决策 ·· 92

7.1 条件自动化决策 ····································· 93

7.2 计算机辅助决策 ····································· 94

7.3 智能自动化决策 ····································· 94

7.3.1 直接驱动的自动化决策 ···························· 97

7.3.2 定期自动化决策 ··································· 98

7.3.3 实时自动化决策 ··································· 99

7.4 计算机辅助决策与智能自动化决策 ················· 100

第三部分　数字化转型关键技术

第 8 章 数字化转型的智能技术简介 ···················· 104

8.1 云计算 ··· 105

8.1.1 云计算实践 ······································· 106

8.1.2　常见风险和挑战 ……………………………………… 110

8.2　区块链 ……………………………………………………… 111

8.2.1　区块链实践 …………………………………………… 112

8.2.2　常见风险和挑战 ……………………………………… 119

8.3　物联网 ……………………………………………………… 120

8.3.1　物联网设备 …………………………………………… 121

8.3.2　物联网实践 …………………………………………… 125

8.3.3　常见风险和挑战 ……………………………………… 127

8.4　机器人流程自动化 ………………………………………… 128

8.4.1　机器人流程自动化实践 ……………………………… 129

8.4.2　常见风险和挑战 ……………………………………… 132

第 9 章　数字化转型的数据科学技术简介 ……………………… 134

9.1　大数据分析与预测 ………………………………………… 136

9.1.1　大数据的 5 个 V ……………………………………… 138

9.1.2　大数据实践 …………………………………………… 140

9.1.3　常见风险和挑战 ……………………………………… 140

9.2　机器学习 …………………………………………………… 141

9.2.1　模型训练 ……………………………………………… 142

9.2.2　机器学习实践 ………………………………………… 144

9.2.3　常见风险和挑战 ……………………………………… 147

9.3　人工智能 …………………………………………………… 147

9.3.1　神经网络 ……………………………………………… 148

9.3.2　自主决策 ……………………………………………… 149

9.3.3　人工智能实践 ………………………………………… 151

9.3.4　常见风险和挑战 ･･･････････････････････････････ 152

9.4　数字化转型关键技术总结 ･･･････････････････････ 154

第四部分　数字化转型解决方案

第 10 章　理解数字化转型解决方案 ･･････････････････ 158

10.1　分布式解决方案设计基础 ･･･････････････････････ 159

10.2　数据输入基础 ･･･････････････････････････････････ 163

10.2.1　文件拉取 ･･････････････････････････････････ 163

10.2.2　文件推送 ･･････････････････････････････････ 164

10.2.3　API 拉取 ･･････････････････････････････････ 165

10.2.4　API 推送 ･･････････････････････････････････ 166

10.2.5　数据流传输 ･････････････････････････････ 166

第 11 章　剖析以客户为中心的解决方案 ･･････････････ 169

11.1　术语回顾 ･･･････････････････････････････････････ 170

11.2　场景背景 ･･･････････････････････････････････････ 171

11.2.1　业务挑战 ･･････････････････････････････････ 172

11.2.2　原始的客户旅程 ･････････････････････････ 172

11.2.3　业务目标 ･･････････････････････････････････ 175

11.3　提升客户旅程 ･･･････････････････････････････････ 176

11.4　扩展业务流程 ･･･････････････････････････････････ 178

11.5　制定未来决策 ･･･････････････････････････････････ 212

第一部分

第 1 章 | Chapter 1

理解数字化转型

请做好准备。
我们即将"转型"。

让我们从确定数字化转型的总体目标和范围开始。在本章中，我们将学习业务、技术、数据和人员如何相互协调，以实现和谐的转型。

数字化转型倡议是一种真正的尝试，旨在改变、升级和扩展组织的业务模型和技术，以使组织能够：

- 通过显著改进已有的业务活动，获得价值

- 通过引入组织可以实现的新活动（并确保能够做得非常出色），
  获得价值

数字化转型可以带来：

- 新的思维方式
- 新的文化
- 新的组织结构
- 新的优先事项
- 新的技术
- 新的风险和挑战

数字化转型将影响组织的以下方面：

- 业务模型和流程
- 智能技术和数据科学技术
- 人力资源和文化

具体而言，一系列技术创新和实践的主流可用性使得组织可以通过增强业务、技术、数据和人员来实现数字化转型。自动化和数据智能可给组织带来更大的商业价值和增长，从而也会改变组织文化以及人员定位和分配。

接下来的章节将探讨数字化转型的业务和技术驱动因素，以及数字化转型的目标、收益、风险和挑战。首先，本章将详细地介绍数字化转型的组成要素。

1.1 业务、技术、数据和人员

尽管技术创新是实现数字化转型的关键，但数字化转型组成要素不止技术，还包括组织的业务、数据和人员，如图 1.1 所示。

图 1.1 数字化转型的组成四要素

注释：在数字化转型的背景下，在本书中，"业务"一词表示组织的目标、使命或主要活动。该术语适用于任何行业的营利和非营利组织。

本书中使用的另一个关键术语是"数据智能"。数据智能指对组织中有价值、与组织业务相关且有意义的大量数据（原始或常规）进行提取、处理和过滤，生成数据子集，为组织及其业务提供智能信息。

数字化转型的数据要素体现在数据智能的创建和利用上。图 1.2、图 1.5 和图 1.6 展示了数据智能的重要作用。

1.1.1 数字化转型与业务

数字化转型是通过转变以下方面，真正尝试将组织的业务提升到一个新的增长和效率水平：

- 业务如何与外部世界相关（特别是客户如何感知和相互交互）。
- 业务如何在内部运作（特别是不同组织部门间的协作，以及人和机器的协作和相互交互）。

数字化转型可以显著重塑或增强组织业务的许多方面，包括：

- 将现有的产品和服务提供给新客户和新市场。
- 将新产品和服务引入新市场。
- 渗透和开发新市场的速度。
- 利用数据的程度。
- 客户与业务交互时的体验。
- 运营的效率和业务自动化水平。
- 机动性和适应变化的能力。
- 与合作伙伴合作的方式。

数字业务转型的总体战略目标是将以客户为中心的理念树立为商业模式，这是组织的业务技术和文化转型的基础。成功的数字化转型是通过成功应用智能技术和数据智能，以及人员贡献实现的。业务改进和新业务的引入由人员和智能技术实现，并通过数据智能进一步得到增强，如图 1.2 所示。

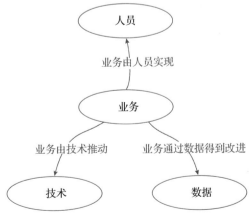

图 1.2　业务改进和引进新业务下的四要素关系

1.1.2 数字化转型与技术

技术创新是数字化转型的使能因素，它促使得组织重大的业务转型。当前的技术创新包括智能技术和数据科学技术。

智能技术包括：

- 云计算
- 区块链
- 物联网（IoT）
- 机器人流程自动化（RPA）

数据科学技术包括：

- 大数据分析和预测
- 机器学习
- 人工智能（AI）

这些技术创新共同促进了业务能力的改进和新形式的自动化，如更有意义和响应灵敏的数据智能。

数字化转型方面的业务需求和目标将有助于确定这些技术的正确组合。本书第 8 章和第 9 章将介绍这些技术（见图 1.3），并探索如何将它们定位为数字化转型解决方案的一部分。图 1.3 中的图标从左到右依次是：云计算、区块链、物联网（IoT）、机器人流程自动化（RPA）、大数据分析与预测、机器学习和人工智能（AI）。

图 1.3　本书中数字化转型关键技术的图标

这些技术是由业务需求驱动的，它们相应地生成数据并处理数据，以支持业务数据智能需求。这些技术应用产生的数字转型解决方案可以进一步支持人的决策。

技术创新的利用取决于新的业务需求，这也决定了智能技术与人之间的关系。技术创新进一步引入了创建、获取和处理新数据所需的能力，以产生有意义的数据智能，如图 1.4 所示。

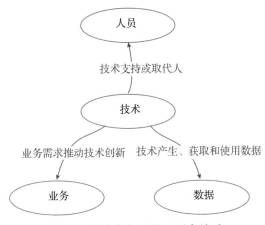

图 1.4　技术创新下的四要素关系

1.1.3　数字化转型与数据

数字化转型带来了由数据驱动的自动化业务流程。数据成为一项重要资产，赋予组织开发复杂自动化业务的能力。

数据科学技术作为数字化转型的重要技术创新，向组织注入大量的"数据智能"，使得组织可以洞察：

- 自身运营情况。
- 市场或社区情况。
- 客户历史和行为。
- 现有产品和服务。
- 将新产品和服务引入市场或社区的机会。

此外，数据智能可使系统能够从历史数据中学习，产生改进的分析结果，从而能够承担决策责任。数据智能的注入使得组织在业务、技术和人员方面更加智能，如图 1.5 所示。

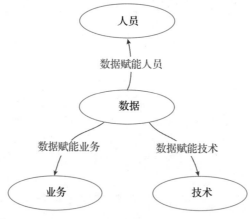

图 1.5　注入数据智能下的四要素关系

1.1.4　数字化转型与人员

组织内部的业务和技术环境的转型会增强或重塑组织的结构，并改变人员对组织的贡献和与组织的关系，体现在如下方面。

- 智能技术可以自动化执行曾由人工执行的任务。
- 曾由人工执行任务的人员可以接受再培训，并被重新分配执行更具挑战性和有意义的任务。
- 经过培训具备新技能的人员具备运用智能技术和数据科学技术的能力。
- 数据智能作为数字化转型解决方案的一部分，不仅可增强组织的业务运营，还可引发组织对新知识和技能开发的需求。
- 受到业务模型和业务流程变化影响的人工工作者也需要接受再培训，甚至获取新的技能。
- 引入新的产品和服务需要组织雇佣能够操作和完成新业务流程的人员。

数字化转型使得人员要执行新的或改进的业务，必须运用新技术，从数据智能中学习并与组织形成新的关系，从而形成新的组织文化，即融合数字能力并专注于以客户为中心。

注意：在数字化转型规划阶段忽视或未适当考虑组织中人员的潜在影响时，数字化转型更容易失败。强有力的领导力是至关重要的。

通过运用智能技术和数据智能，人员可以更有效地执行业务，如图 1.6 所示。

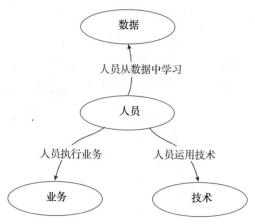

图 1.6　智能技术和数据智能下的四要素关系

1.2　数字化转型解决方案与组织

如前所述，数字化转型将给组织在业务运营、技术生态系统、数据利用以及人力资源等方面带来变革和挑战。

为了进行数字化转型，组织需要开发数字化转型解决方案，这些解决方案负责自动化和贡献数据智能的应用程序，每个解决方案可能包含一个或多个相关的业务。

在数字化转型中，组织最终会构建多个数字化转型解决方案，这些解决方案共享资源（基础设施和数据库），并作为组织更大平台的一部分。数字化转型解决方案是组织利用数据智能和智能技术来实现新业务转型的手段。数字化转型解决方案还将改变组织内人员在业务运营中的贡献。

数字化转型的业务驱动因素

是时候对我的业务进行转型了。

本章将探讨数字化转型的业务驱动因素，从市场、业务增强、运营、决策、生产力、客户等方面阐述常见的业务问题，这些问题可以通过数字化转型来解决。

- 适应快速变化的市场，实现市场增长
- 提高组织敏捷性与业务一致性
- 摆脱低效率，增强数据智能

- 提升自动化能力与生产力
- 改善客户体验，提升客户信心

2.1 适应快速变化的市场，实现市场增长

一些组织在其原有市场上已建立起主要供应商的地位，这使得多年来，这些市场没有发生变化，并且从客户的角度来看，供应商与供应商之间几乎没有什么区别。例如，在图 2.1 中，客户浏览几个在线商店，要购买一组特定的杂货和美容用品，除了价格和运输选项之外，客户看不到在线供应商之间有什么不同。这使得这些组织的市场增长停滞不前。

随着社会经济的不断变化和发展，市场变得更加不稳定，不断变化和波动是市场的常态。这使得供应商必须积极地推出新的、独特的产品或服务，或者推出竞争力强的新促销活动，以适应迅速变化的市场，稳固自身的市场地位。随着国际贸易的不断动荡，相应的市场受到更大和更快变化的影响，无法适应这些变化的组织就会被市场淘汰。在图 2.2 中，供应商 B 和供应商 C 提供了它们通常的产品，但供应商 A 提供了更多的创新产品，使得供应商 B 和供应商 C 很难与其竞争。数字化转型可使组织积极创新，提供新的颠覆性产品和服务，从而触达更广泛的客户，提高组织应对市场变化的能力，增加市场份额和收入，实现市场增长。

图 2.1   在线商店浏览举例

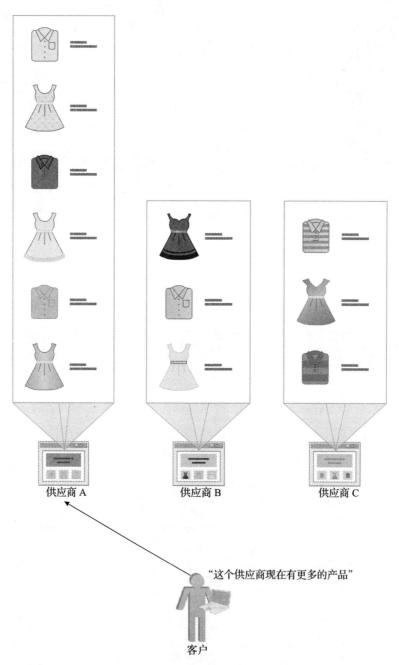

图 2.2　提供了更多创新产品的供应商获得了更多的竞争优势

2.2 提高组织敏捷性与业务一致性

数字化转型可以使组织变得更加敏捷，能够：

- 适应未预料到的业务变化，如新的或现有的具有破坏性的竞争对手（可能会在市场上推出新的或改进的产品）、内部变化（关键高管辞职、内部资金变动、劳资纷争）、监管变化（影响组织运营方式的新税收、政策和其他法规）。例如，在图 2.3 中，一家食品销售企业在一年的时间里，需要适应一系列影响其部分产品的监管变化，该企业改进了自动化业务系统，更有效地调整其运营，以适应这种意料之外的变化。
- 迅速推出新产品或服务，以最大化其打破现有市场的能力，使竞争对手无法适应和回应。
- 根据新的数据情报调整和优化其业务流程和模型，组织也希望在竞争对手调整之前尽快实现，以最大化潜在的好处。

这种提高的组织敏捷性可以使企业在计划或非计划的业务变化中操作自如，对其运营和自动化解决方案影响更小。

> 提示：数字化转型解决方案要设计成随着组织业务的发展而不断演进。这意味着随着业务的变化，底层的自动化解决方案也要更新，以支持这些变化，并在不影响应用程序开发的情况下进行。为此，可以考虑采用 DevOps 方法以及倡导广泛标准化的技术架构模型，例如 SOA。

传统上，组织构建往往围绕的是特定产品、服务或业务线的业务"孤岛"。

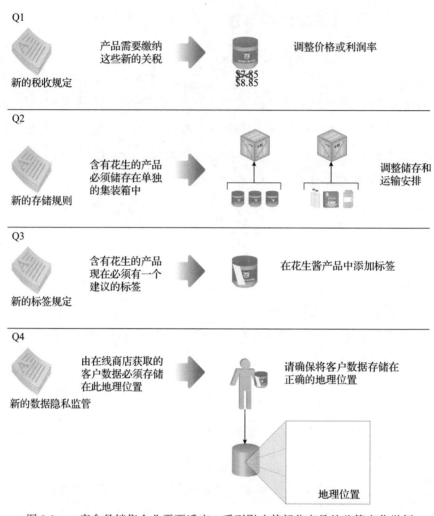

图 2.3　一家食品销售企业需要适应一系列影响其部分产品的监管变化举例

数字化转型则会引入以下需求：

- 使以前孤立或分离的业务部门进行协作以支持共同的业务目标。如图 2.4 所示，数字化转型是为了消除产品"孤岛"，以建立一个促进部门间协作和对齐的环境。例如，要做到以客户为中心，最初负责个别产品的业务分析的那些组或部门现在要一起工作，提供客户综合的体验，建立新的更广泛的绩效、客户成功度量和指标，以衡量这些协作的结果，而不仅仅是衡量个人贡献的绩效。

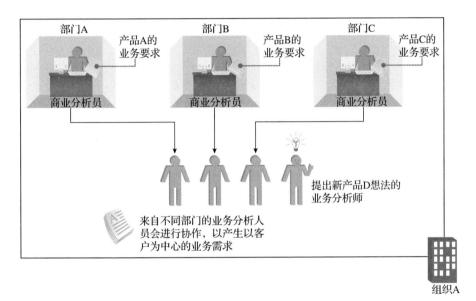

图 2.4　消除产品"孤岛"，建立促进部门间协作和对齐的环境

- 以前划分开的业务部门和 IT 部门将更紧密地协作以支持共同的业务目标。
- 优化、重新设计或进一步创新现有业务流程和模型，以支持新的业务目标。
- 将以前专注于特定产品的单一目的业务流程与其他业务流程合并，以支持新的业务目标。在图 2.5 中，客户 A 想要从组织 A 获取三种不同的产品。之前，客户 A 必须通过三个独立的工作流程和系统与组织 A 交互（顶部），这甚至可能需要创建三个单独的账户。采用面向客户的解决方案会提供客户综合的体验，使客户 A 能够在一个单一的环境中执行与三个产品相关的交易（底部）。客户 A 还能够在综合环境中发现新产品。

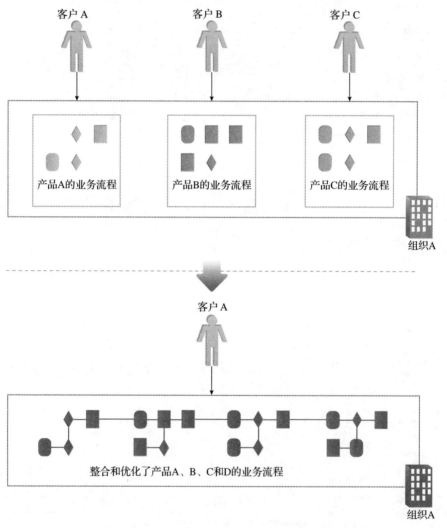

图 2.5　专注于特定产品的单一目的业务流程与其他业务流程合并举例

- 引入新的业务流程和模型，并将其与现有业务流程和模型合并，以支持新的业务目标。

这些业务转型以及由此形成的跨部门协作将使组织的业务与其战略业务目标相一致，并产生专注于改善以客户为中心的业务。

> 注意：重新思考和组合业务流程将直接与新设计的业务流程的质量相关。目标是巩固和简化业务流程，但总是存在新的工作流程变得过于复杂的风险。

这种类型的业务对齐可以在文化上增强组织的实力，最主要的好处是建立了应用智能技术和数据科学技术的坚实基础。组织有效地利用这些技术，从而能够充分实现其业务目标。

2.3 摆脱低效率，增强数据智能

虽然大多数组织已经利用自动化技术不同程度地提高了工作效率，但自动化技术通常仅限用于那些明显可简单、直接地实现自动化的任务，许多琐碎工作仍然依赖于人的参与。从图 2.6 的例子可看出，尽管收集和记录客户订单的工作已经自动化了，但是随后的订单处理和订单分配任务仍然需要人工操作。然而，通过数字化转型解决方案，组织可实现自动处理客户订单，提升工作效率。

> 提示：数字化转型技术不仅仅是由人进行的决策自动化，它们还有助于改进自动化系统中决策逻辑的执行方式。

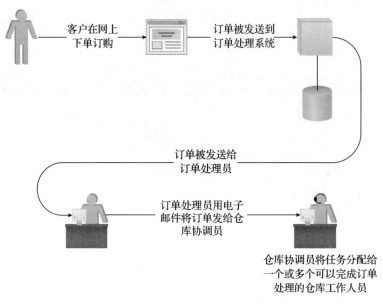

图 2.6　低效率处理订单举例

即使是已经在日常运营中使用了相当多的自动化解决方案，有些情况下依然依赖关键人员处理。许多人的决策通常基于简单的决策标准，而对于那些需要基于复杂标准的决策是无法高效实现的。无论哪种情况，这些决策者都可能导致不必要的低效运营，如图 2.7 所示的例子，向决策者提供报告数据的速度以及人做决策所需的时间可能太慢，无法跟上市场需求的速度。

数字化转型解决方案引入了复杂的数据智能，以提高组织的决策力。

如前所述，数字化转型解决方案可以积累有价值的数据智能，使其能够实时或准实时地产生深度见解的分析结果。这可以显著增强组织的新见解、新思路和更具决定性和成功的决策能力。

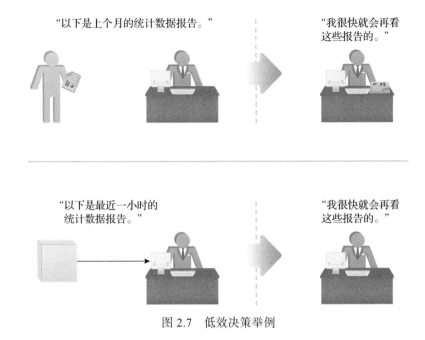

图 2.7　低效决策举例

　　组织还可以将一些决策职责委托给底层的数字化转型解决方案。这样做可以使决策与数据处理具有相同的速度（实时或准实时），比如，在图 2.8 中，既有系统生成各种独立的报告以供人进行决策。数字化转型解决方案处理和整合各种来源的输入数据，旨在以更快的速度生成智能数据增强报告，报告的数据可以提供给可自主决策并执行决策的数据科学系统。

2.4　提升自动化能力与生产力

　　进行数字化转型的组织可以大大提高其自动化能力的范围和质量。可以使用多种技术的组合构建解决方案，从而使组织能够自动化业务，以提高运营能力和生产力。

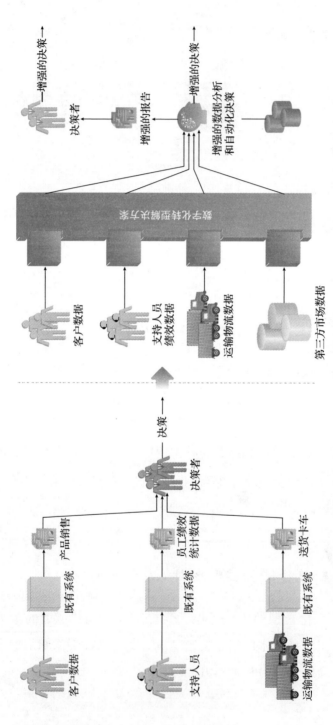

图 2.8　既有应用程序生成报告过程与数字化转型解决方案生成智能数据增强报告过程对比

例如，自动化技术可以：

- 自动化以前需要人工执行的任务。
- 自动化支持新产品和服务的新任务。
- 自动化跨越组织边界的环境中的数据收集。
- 自动化在组织边界之外的远程设备中的激活任务。
- 自动化决策。
- 提高私有、敏感和重要业务数据的存储安全性和质量。

数字化转型技术的应用提高了运营业务的质量和效率，如图 2.9 所示。

此外，数字化转型的关键技术提供了许多机会，使底层自动化解决方案变得高度优化，例如：

- 通过提高自动化技术的质量来优化业务工作流程。
- 引入新的自动化技术，以支持跨部门协作来优化整个组织的工作流程。
- 通过使用自动化逻辑替换人工劳动来更快地完成任务并减少开销。
- 通过使用自动化决策逻辑替换人工决策制定者以实现实时决策并减少开销。
- 不断通过获取、分析和输入数据，改善和精细化业务运营。

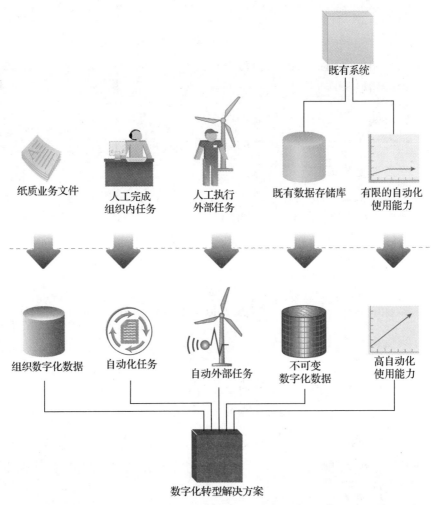

图 2.9　数字化转型技术的应用提高了运营业务任务的质量和效率

2.5　改善客户体验，提升客户信心

几十年来，各行业普遍存在传统的客户关系是相对冷漠的关系，即组织与客户交互的方式相对较"冷"，很少或没有努力改善客户体

验，如图 2.10 所示。许多私人组织和公共组织已经意识到，建立温暖的、持久的客户关系会带来许多好处。

数字化转型为组织提供了一个显著提高客户满意度的真正机会，以建立与现有客户更长期的关系，并吸引新客户。

提示：与客户建立温暖、持久的关系是实现以客户为中心的根本。

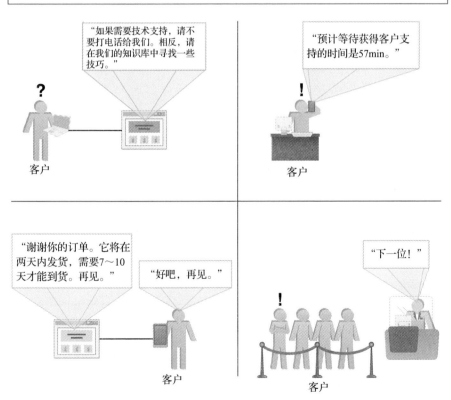

图 2.10　组织与客户的相对"冷漠"关系举例

数字化转型的目标之一是建立以客户为中心的文化，从而改善与客户的关系并吸引新客户。以客户为中心的解决方案可引起客户的兴趣，并增强客户的满意度和信心。

这带来了以下好处：

- 通过减少服务的时间价值来提高为客户服务的速度。
- 通过增强服务质量来提高服务交付效率。
- 提高客户体验的"温暖度"。
- 通过维护超越单个交易的持续客户关系，提高客户的信心和忠诚度。

数字化转型解决方案旨在从根本上通过以客户为中心的思想进行设计从而实现这些改进，详见第5章。在图2.11中，数字化转型解决方案被设计为以客户为中心，以便使客户能以新的方式与组织交互，并使客户的体验尽可能积极和有效。

> 提示：当我们使用"客户"一词时，是指除企业客户以外的任何客户，无论该组织是营利性企业、非营利性组织还是公共组织。

通过改善客户体验，增加（现有和新的）客户的回访频率。通过不断构建这些增强功能，组织可以持续优化业务运营，同时继续扩大业务范围并增加收入。在图2.12中，组织A通过成功的数字化转型增加了市场份额，还计划改善现有服务和产品，并将新服务和产品引入市场。

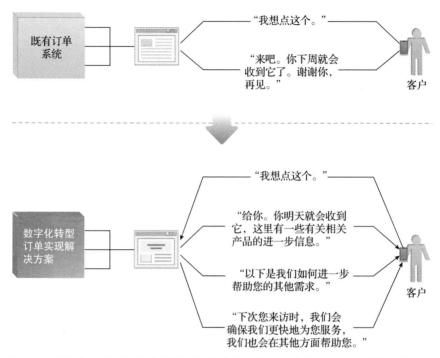

图 2.11   传统客户关系与数字化转型解决方案中的"以客户为中心"的客户关系对比举例

随着大多数服务和产品都可以在线上获得，客户浏览和发现新选项和替代方案比以往任何时候都更加容易。此外，客户群体本身也越来越善于使用在线和社交技术。客户群体的整体发展提高了供应商的期望水平，同时降低了他们对更传统商业方法的容忍度。这些都对许多无法回应或跟上这些提高的期望水平的组织产生了负面影响。这样的组织可能会因为失去了之前建立的客户群体的联系而失去市场份额。在图 2.13 中，供应商 A 在多年中没有改变其在线应用程序，供应商 B 仅逐步改变其应用程序，供应商 C 努力定期大幅升级和转换其在线应用程序中可用的产品和服务，从而使其能够吸引更多的客户。

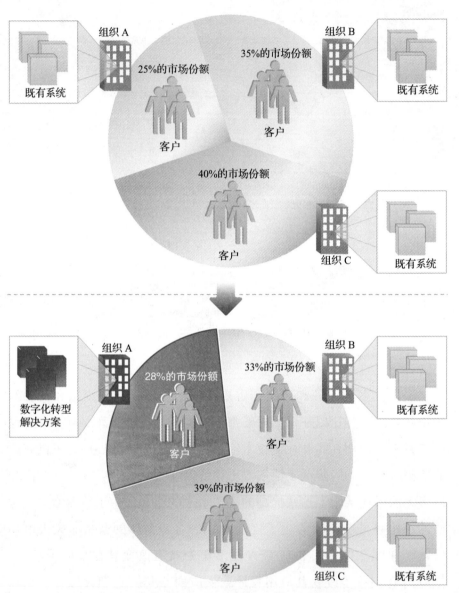

图 2.12　成功的数字化转型带来的市场份额增长举例

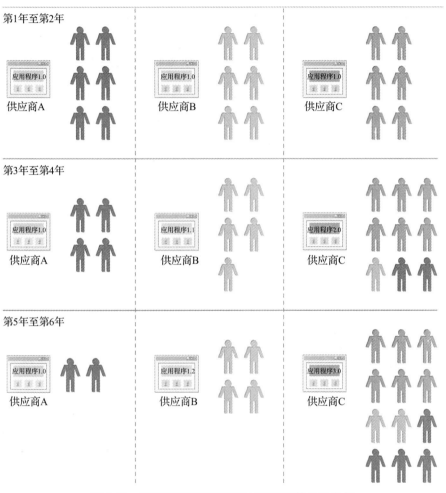

图 2.13　应用程序的更新速度与客户群体关系举例

提示：有些组织传统上过于专注于改进产品，而不是改善
他们与消费这些产品的客户的关系。

　　数字化转型解决方案是以客户为中心设计的，使企业能够通过改善其在线存在来获得竞争优势，以持续满足和超越客户的期望。

　　数字化转型解决方案中使用的增强数据智能以及这些解决方案的设计方式，都可改善客户体验和引入新的创新，可以帮助组织从停滞的市场中脱颖而出（或进入市场），从而超越竞争对手。

数字化转型的技术驱动因素

现在让我们重点介绍数字化转型的技术驱动因素。组织通常需要开放的思维来充分理解它们。

如前所述，技术创新使数字化转型成为可能。以下是数字化转型技术驱动因素：

- 强有力和多样化的数据获取
- 数据科学技术
- 高级自动化技术
- 自主决策
- 集中化、可扩展、弹性的 IT 资源
- 不可变的数据存储
- 多体验访问

3.1　强有力和多样化的数据获取

数字化转型解决方案涵盖了能够获取极其广泛多样化数据的技术创新。

例如：

- 以客户为中心的解决方案及相关技术可以从客户与组织现有应用程序的交互方式和交互时间中获取大量的客户资料和行为数据。
- 数字化转型解决方案可以包括远程传感器网络，能够从外界获取和传输大量的遥测数据，包括人的活动、车辆活动、运输物流、天气、振动以及与电子设备相关的各种活动。
- 通过数字化转型解决方案可获取和处理第三方市场数据，从中提取有关个人和整个社区的有意义的数据信息。
- 通过对纸质文件数字化来对更多的输入数据进行数字化存档，并进行分析和处理。

具备如此广泛的数据作为输入，数字化转型解决方案能够：

- 提供深度挖掘的数据智能给决策者，以提高他们的决策能力，并进一步帮助他们发现如何引入新的产品和服务创新。
- 进行高度复杂和智能的自动化，以改善业务自动化的质量和效率（见图 3.1）。

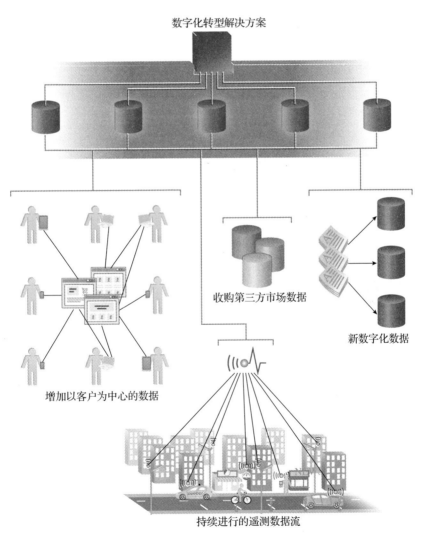

图 3.1   数字化转型解决方案中的数据

然而，不论如何利用获取的数据，始终保持有意义并不断累积的数据智能都是组织极其有价值的资产。

3.2   数据科学技术

只有当数据能够被正确地处理、过滤和分析时，它对组织才有价值。数据科学技术已成为 IT 主流技术，且是数字化转型的关键。

数据科学技术可以用于：

- 对大量多样化的数据进行整合、处理和过滤，以产生有意义且相关的分析结果。
- 处理和学习不断涌入的输入数据，从而产生越来越精密的分析结果。以医院和医疗中心对大量多样化数据的处理为例（见图 3.2），医生依据大量病历数据来识别模式，以帮助诊断具有相似病情的患者或预测这些病情发展的可能性。
- 使数字化转型解决方案能够进行自主决策。

 注意：虽然数据科学技术非常强大，但它对组织的实际价值取决于负责正确实施它的人的技术熟练程度。

注释：数据科学技术包括：

- 大数据分析和预测
- 机器学习
- 人工智能（AI）

这些技术在第 9 章描述。

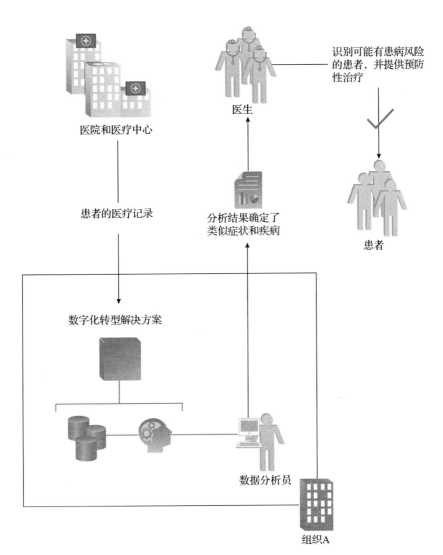

医院和医疗中心

识别可能有患病风险的患者，并提供预防性治疗

医生

患者的医疗记录

分析结果确定了类似症状和疾病

患者

数字化转型解决方案

数据分析员

组织A

图 3.2　医院和医疗中心对大量多样化数据的处理

3.3　高级自动化技术

传统上需要人工完成的任务，现在基本可以完全自动化完成。

"机器人"是一种特殊的软件程序，它可执行一系列的自动化任务，例如数据输入和信息路由（见图3.3）。机器人的行为和功能可以通过使用数据科学技术进一步得到增强。

注释：本书中的高级自动化技术是指机器人流程自动化（*Robotic Process Automation*，*RPA*），将在第8章描述。

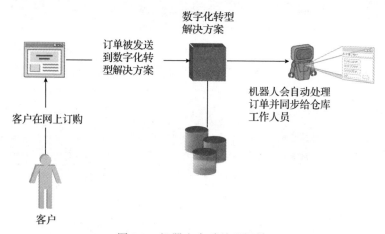

图 3.3　机器人自动处理订单

3.4　自主决策

数字化转型解决方案中的数据科学技术使其可以进行自主决策和自我评估，并不断改善自身的决策能力。图 3.4 所示为数字化转型解决方案自主决策举例。在图 3.4 中数字化转型解决方案在考虑到当前交通数据和客户请求数据的情况下动态确定送货车应前往的仓库的路线。

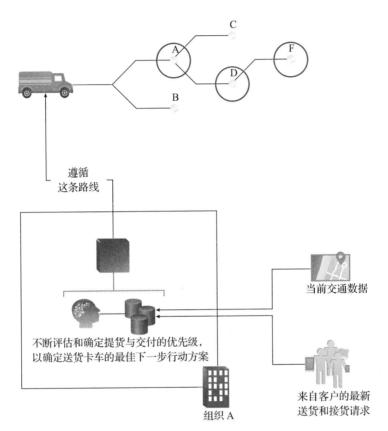

图 3.4　数字化转型解决方案自主决策举例

注释：自主决策涉及的人工智能（AI）将在第 9 章介绍。

3.5　集中化、可扩展、弹性的 IT 资源

数字化转型解决方案通常具有以下功能：

- 高可扩展性，以容纳大量并发用户。

- 动态可扩展性，以适应不可预测的使用波动。
- 高弹性，在服务中发生故障时以最小的中断恢复。
- 高计算能力，以处理大量的数据。
- 快速提供新解决方案或更新解决方案。
- 可由多个解决方案共享的集中化 IT 资源。

云端环境可以提供必要的基础设施，以支持这些数字化转型解决方案的功能。云端环境可以在组织内部建立，也可以从第三方供应商租赁。组织还可以拥有自己的私有云，当私有云的容量受限时，可以自动扩展到外部的第三方云（见图 3.5）。

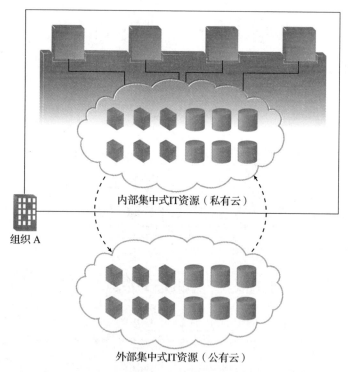

图 3.5　一个组织可以将 IT 资源集中到自己拥有和内部运营的私有云中

提示：公有云提供商通常提供"按使用量付费"的定价方式，即只需支付实际使用其IT资源的费用。

注释：本部分性能要求主要与云计算技术有关，参见第8章。

3.6 不可变的数据存储

随着数字化数据的大量增加，以永远无法更改或篡改的方式永久存储敏感和重要的数据变得尤为重要。加密货币过程中出现的高安全性存储技术使得把不可更改的存储库与企业数据库一起作为数字化转型解决方案的一部分成为可能（见图3.6）。

注意：尽管不可变数据存储库非常安全，但其在技术上非常独特，与其他技术集成具有挑战性。

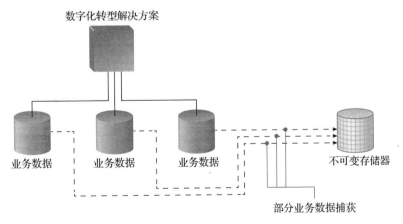

图3.6 数字化转型解决方案将重要的业务记录提交到一个具有不可变存储功能的存储库中

注释：不可更改的数据存储主要与区块链技术有关，详见第8章。

3.7　多体验访问

在设计以客户为中心的数字化转型解决方案时，一个关键目标是通过给客户提供随时随地访问多种业务交互选项（或通道），实现"多体验"支持（见图 3.7）。

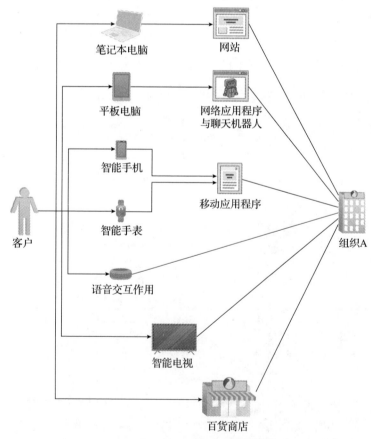

图 3.7　客户可以选择使用任意的访问方式或渠道与商家进行交互

利用基于云的环境以及其他技术，可以支持多种访问渠道，从而在不同的访问方式下始终保留客户的活动"状态"。例如，客户可以使用平板电脑在线开始交易，然后在稍后的时间内切换到语音激活设备以完成交易。商家能够在不同渠道之间与客户保持交互。客户可能会使用移动应用程序开始交易，然后亲自到店铺完成交易。

> **提示**：组织所拥有的渠道越多，就越能为客户提供更多的连接和保持连接的机会。

注释：多体验访问涉及云计算技术，见第 8 章所述。

数字化转型的风险和挑战

请时刻准备着遇到障碍，这样就不会冒险掉入陷阱，而是把陷阱变成你可以跳过的障碍。本章节涵盖了数字化转型的风险的挑战。

- 数据质量差和数据偏差
- 数字化数据增加，易受攻击的风险增加

- 抵制数字文化
- 过度自动化的风险
- 难以治理

4.1　数据质量差和数据偏差

数字化转型解决方案是以数据为驱动的。这些解决方案所使用和产生的数据智能最终影响甚至决定了关键业务决策的结果。决策的质量和成功与其基于的数据智能的质量成正比。

与数字化转型相关的且持续存在的问题是所用数据的完整性、准确性和取向。如果数据质量较差或不佳，则可能导致误导性的分析结果或错过发现新见解的机会。数据偏差指数据中某些因素比其他因素更加重要，导致结果偏斜和分析错误。在图 4.1 中，低质量的数据和数据偏差可能会渗透到组织获取的任何类型的数据中。如果未检测到数据偏差，它可能会进入一系列组织内部数据库中，从而影响决策。

注意：错误或偏差数据结果有时需要很长时间才会被发现。到那时，组织可能已经基于有缺陷的数据做出了一系列错误的决策。

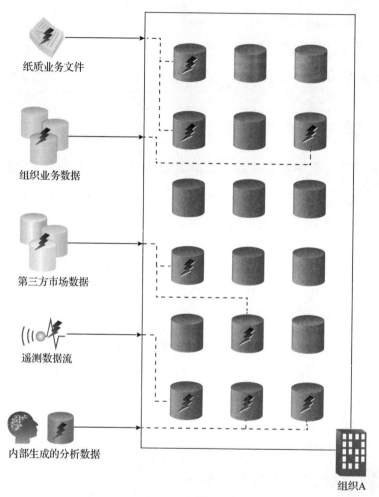

图 4.1　低质量的数据和数据偏差举例

4.2　数字化数据增加，易受攻击的风险增加

数字化转型将引入更大的业务数据量，甚至更大的在线数字化数据量。这可能会使组织更多地暴露于外部世界，增加了未经授权的各方访问和篡改组织的商业数据的风险，如图 4.2 所示。

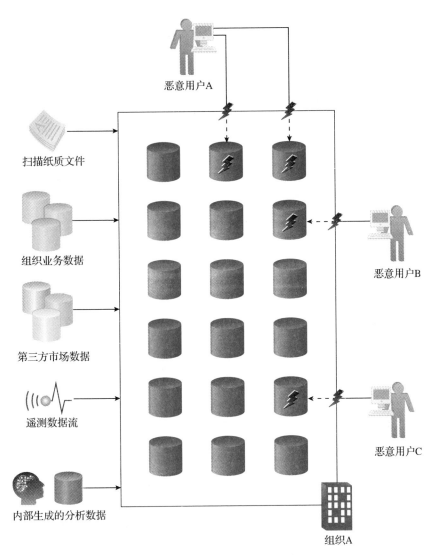

扫描纸质文件

组织业务数据

第三方市场数据

遥测数据流

内部生成的分析数据

恶意用户A

恶意用户B

恶意用户C

组织A

图 4.2　流入组织的数据量增加，相应地增加了恶意用户获得未经授权访问的机会

　　网络安全技术为具有大量在线数字化数据的组织提供了更多的保护。一些网络安全系统利用数据科学技术更有效地应对攻击者并对恶意活动进行反击。

注释：区块链技术也可以用于提高某些数据存储的安全性和不可变性。但是，大部分存储在标准的存储库中的数字化数据，需要进行谨慎的保护。

4.3 抵制数字文化

数字化转型将在以下方面改变和提升一个组织：

- 组织业务的性质和范围。
- 人员工作和分配的任务。
- 组织的日常运营方式。
- 自动化在组织运营中的应用程度。
- 以前没有必要经常沟通的团队和部门现在可能需要经常沟通和协作。
- 曾经完全掌握各自业务领域的部门现在可能需要分享甚至失去掌控。
- 以前由人工完成的任务能更快、成本更低地由智能技术和数据科学技术完成。

组织的员工可能会对数字化转型的引入产生抵制。普遍存在的担忧是会有员工失业，以及组织文化会变得更加"冷漠"和注重计算机决策。优秀的领导可以提供先发制人的努力和新的组织模型，以帮助减轻对数字化转型的抵制，并促进更大程度的支持。管理层可以确保组织以最积极的结果进行转型，既有利于组织，也有利于员工。

提示：宣传活动通常是开始数字化转型的第一步。越早提高意识并解决问题，就越快地形成一个健康的组织文化。

4.4　过度自动化的风险

数字化转型市场提供了许多新的机会，可以将自动化引入业务运营中，以节约成本和改善业务流程。然而，过度自动化会带来风险。

- 数据本身的质量或成熟度可能还不足以用自动化取代人工任务。例如，在图 4.3 中，既有系统之前依赖于人工处理纸质业务文件，现在被完全自动化的数字化转型解决方案所取代。然而，所产生的报告不具有价值，因为该解决方案无法复制由人员输入数据的质量。更好的解决方案是继续数字化纸质业务文件，同时保留人员的参与。这种情况下，某些任务的自动化可能需要延迟，直到必要的输入数据被评估并被认为准备就绪。
- 组织本身尚未达到在更广泛的范围内建立某些形式的自动化的足够成熟度。另一个考虑因素是现有业务流程的质量。自动化不良的业务流程无法解决它们的缺点，甚至可能会降低修复问题的动力。

注意：从过度自动化中恢复可能会很痛苦，因为它可能需要撤销最近对工作流、人员分配和数字化转型解决方案逻辑的更改。为了避免这种情况，最好提前仔细评估每一个新的自动化机会。

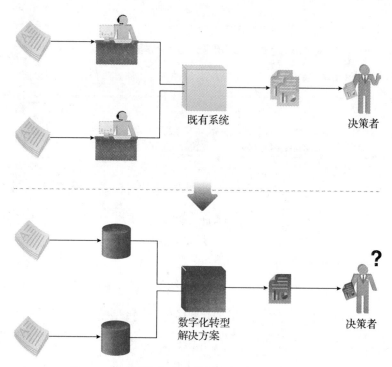

图 4.3　既有系统与数字化转型解决方案对比举例

　　数字化转型引入的技术创新可以是强大而有影响力的，需要仔细规划和分阶段实施。

4.5　难以治理

　　治理是许多 IT 举措的关键成功因素，然而，数字化转型的潜在治理范围可能是不可预测和令人望而生畏的，并且可能远远超出 IT 的范畴。一个由业务和 IT 专业人员组成的治理团队需要承担监督和监管数字化转型计划的责任。这个团队可能需要大量的资源和培训才能充分准备好监管许多相互关联的项目的不同生命周期阶段。

数字化转型可能会对业务和 IT 产生深远的影响，需要跟踪、评估和监管这些影响，以便使数字化转型能够成功地进行并随着时间的推移而不断发展。

由业务和技术专业人员组成的治理团队负责治理组织的数字化转型。这个团队可能面临许多治理过程和原则的挑战。

- 现有的业务流程和模型的合并以及新产品和服务的引入需要进行精心的编排和演变，以确保它们满足预期。
- 引入新技术平台可能会完全取代既有系统，或需要与既有环境进行新的集成。
- 引入数据驱动的技术解决方案可以改变执行既有技术解决方案的设计和架构。
- 对以前人工执行任务进行自动化，可以扩展 IT 部门的整体范围和责任。
- 需要新的跨部门合作形式，这可能会导致不同的项目预算和人员配备方式，以及新的评估标准和流程。

提示：数字化转型治理框架通常会引入规范，以明确不同部分的实施方式和数字化转型环境本身的维护方式。

第二部分

第 5 章 | Chapter 5

实现以客户为中心

客户是我们最好的资产！

数字化转型不仅将客户视为创收来源和业务运营的必要条件，更将客户视为真正的资产，可以作为创收和数据来源提供长期价值。

许多组织传统上关注的是向客户提供产品，而不是将重点放在客户本身上。数字化转型主张在组织的业务模式上进行根本性转变，要从产品导向（基于交易的客户交互）转变为客户导向（基于关系的客户交互）。

5.1　产品

产品是一种被生产出来的有形物品或无形物品，通常是为了销售以获取收益或以其他有价值的有形物品或无形物品交换。产品可以是有形的物理产品，也可以是无形的非物理产品，比如提供服务。物理产品的例子有汽车、玩具、机器零件、电脑等。服务产品的例子有会计服务、送货服务、清洁服务、咨询服务等。

购买物理产品通常需要进行交易，结果是将产品的所有权从卖方转移给买方。购买非物理服务产品通常涉及交易以获得服务交付。这种交易通常不会导致产品所有权的转移。当然，有些交易可能涉及销售物理产品和服务产品的组合。

产品通常与从营利组织购买的物品相关联。但是，其他类型的组织（如公共部门组织）也可以提供产品。例如，政府部门，提供各种服务。这些服务可能不是直接出售的（如营利组织提供的服务），但它们提供给客户并被消费，并且通常涉及支付费用。

物理产品和服务产品的一个共同特征是，它们通常对卖家和买家（或客户）都具有有形价值。

5.2　客户

客户是指购买或获取产品的个人或组织。营利组织通常在服务客户的同时从中获取收益。公共部门组织通常有责任向公共社区提供有价值的服务，一般理解为这些组织的存在是由公共社区缴纳的税款支持的。

个人和组织不仅仅是客户，而是在订购和获取产品时才扮演客户的角色。虽然组织在从一个供应商处获取产品时可能是客户，但该组织本身在向另一个组织销售产品时（该组织则扮演客户的角色），就会扮演供应商的角色，如图 5.1 所示。

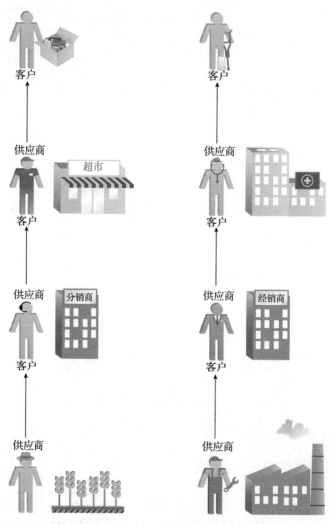

图 5.1　不同供应链涉及不同方，其中多方扮演客户和供应商的角色

注释：数字化转型的客户导向不仅适用于正在购买或获取产品的活跃客户，同样适用于潜在客户，即已被确定为客户候选者的个人或组织。

5.3　产品中心模型与客户中心模型的关系

几乎任何类型的组织都需要与客户进行交互。传统上，组织的重点主要集中在产品质量上。这里假设产品的价值（或感知价值）越大，获得该产品的客户的满意度越高。这是一个以产品为中心的组织模型。

在以产品为中心的组织中，产品是主要的业务实体。当组织拥有多个产品时，通常会围绕每个产品建立单独的分组织领域。这可能导致基于孤立的组织体，在每个孤立组织体继续其自身生命周期和方向的同时，随着时间的推移组织将变得愈加分散。

一个以客户为中心的组织将客户定位为主要的业务实体，然后再定位组织的其他部分（包括相关产品和增值服务），以最大化地实现与客户的成功交互和交易。为实现这一目标，许多以前独立的部门需要相互协作。从对客户"友好"延伸到利用技术构建以客户为中心的数字化转型解决方案。

银行是一个典型以产品为中心的例子，它通过为组合现有产品来建立相应的部门，这些产品组合包括储蓄账户、抵押贷款、保险和投资等。这种以产品为中心的商业模式导致客户必须单独与银行交互才能查询或获取每个产品。因此，一个购买所有四种产品的客户可能不得不创建和管理四个单独的客户账户。随后的维护任务，例如更新地址或电话号码，可能需要重复四次。这种方法可预见地导致客户体验不佳。在这个例子中，客户可能觉得自己从四个不同的银行购买了四种产品。这种以产品为中心的模型会得到冗余和不同步的客户数据，通常无法获得真正的数据分析洞察客户趋势和统计数据。

在以客户为中心时，客户的体验不会在购买新产品之后结束，反而是组织与客户建立真正关系的起点，且这种关系不仅仅限于客户对某个特定产品的兴趣。事实上，组织也特别重视与尚未购买产品但可能是潜在客户建立关系。在图 5.2 上图中，组织以产品为中心，具有组织独立的业务流程，每个产品都有一个专门的业务流程。因此，客户必须单独与每个产品解决方案交互。在图 5.2 下图中，当组织以客户为中心时，将独立的业务流程合并，提供单一的交互体验，客户可以了解和购买任何感兴趣的产品。

5.4 交易价值与关系价值行为

在以客户为中心的业务模式下，业务流程、工作流和场景的交互动通常分以下两种情形。

- 交易价值行为。"一次性"交互产生的短期结果，客户不再重复交互，这类交互称为交易价值行为。例如，在产品购买场景中的付款步骤，通常是一项交易价值步骤，本质上是一项一次性的交互，客户不会采取更多的交互。
- 关系价值行为。两次及以上的交互产生的长期结果，客户有意地再次交互，这类交互分类称为关系价值行为。例如，上述的付款步骤可以通过奖励客户信用或积分来重新设计为关系价值活动。每次购买都会促使客户再次返回交互。

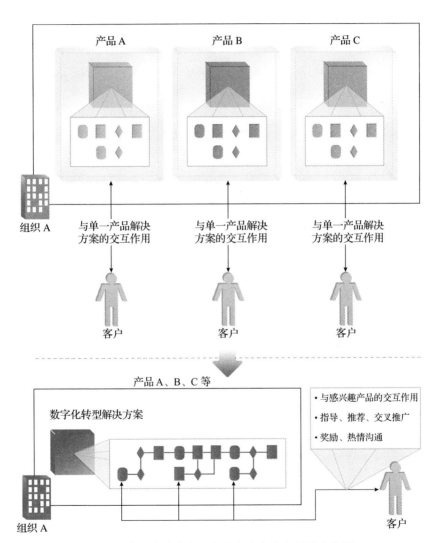

图 5.2　由以产品为中心向以客户为中心的转变举例

　　这个例子是比较简单的。对于大多数业务流程，将交互从交易价值转变为关系价值可能需要进行重大的分析和业务建模工作。在许多情况下，需要不同的部门和项目团队以新的方式合作。需要说明的是，并非所有客户交互都可基于关系价值。某些给定场景中不值得或无法支持向关系价值转型。最重要的是，我们要实现整体业务流程在足够改进的情况下，从以产品为中心转向以客户为中心，以支持组织的数字化转型目标。在图 5.3 所示的在线订单业务过程，上图是具有交易价值步骤，只是从客户那里获取信息并完成交易；下图是将相同的在线订单业务流程重新设计，使步骤①和③成为旨在增加客户满意度并鼓励客户再次交互的关系价值行为。

5.5　面向客户与以客户为导向的行为

　　在拆分与客户活动相关的业务流程时，有必要将行动进一步分为以下两类。

- 面向客户的行动。由客户直接引发或产生的行为或活动是面向客户的行为。例如，客户在在线商店下单。
- 以客户为导向的行动。与协助客户或支持客户关系相关的行为或活动，但不涉及与客户的直接交互。例如，当客户订购缺货产品时，可采取措施为客户处理备货。另一个例子是确保客户使用的解决方案保持始终可用，以使客户不必遭受意外的停机。

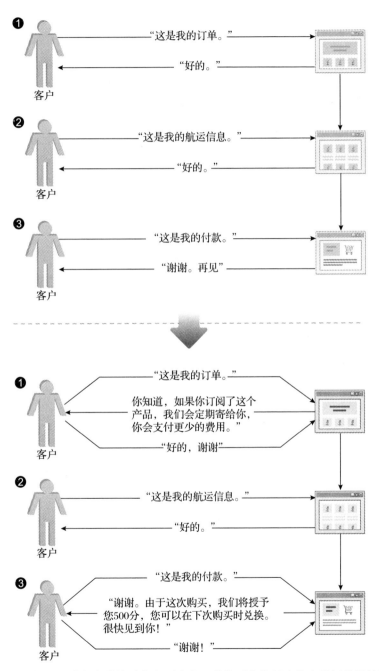

图 5.3　增加客户满意度并鼓励客户再次交互的关系价值行为的在线订单设计举例

在转型为以客户为中心的业务模型，要尽可能地将既面向客户又面向客户的关系价值行动。在图 5.4 中，当客户下订单购买杂货并选择送货上门时，将触发一系列步骤，其中只有第一个和最后一个步骤直接面向客户。

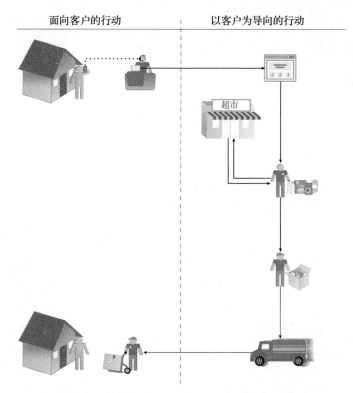

图 5.4　要尽可能地既面向客户又面向客户的关系价值行动举例

5.6　关系价值和温暖度

温暖度代表解决方案和人员工作人员可以向客户展示和表达的友好和包容的程度。在设计新解决方案或将现有解决方案的交易价值步

骤转换为关系价值步骤时，通常需要仔细评估和确定每个关系价值行
动应提供的适当的温暖度。这尤其是在与客户直接交互的客户面对面
操作中，温暖尤为重要。

5.6.1　沟通中的热情

在与客户沟通时使用的语气和语言通常要正式、礼貌和简明。这
是因为传统的客户沟通侧重于专业性和效率，而不是建立关系。

数字化转型解决方案涉及的温暖度主要有：

- 沟通的语调可能会被设定或改变，从而影响到关系价值步骤和
  交易价值步骤中使用的语言和插图。例如，在线商店的网页可
  以重新设计，采用更加随性、友好或鼓励性的措辞，并通过可
  爱的卡通角色来表达。在图 5.5 中，对在线应用程序进行更新，
  改变了沟通的语调和语言，并配以温暖的图形补充。
- 人工电话和在线聊天操作员可能会接受培训，以更加友好的方
  式与客户交互。这可能需要学习新的脚本，以及培养一些新的
  社交技巧，在等待时间期间进行随意的交谈。
- 其他面向客户的员工，如客户服务和送货人员，可能会接受培
  训，改善他们的社交技巧，以更加礼貌和真诚地对待客户。
- 组织自身的品牌形象可能会进行调整，以减少冷漠和企业化的
  感觉。相反，品牌形象可能会设计得更加亲和和贴近目标客户
  群体。

仅仅引入这些类型的"温暖"可能不会将某个交易价值行为转变

为关系价值行为。然而，在适当的情况下应用一定程度的温暖，确实
会增加解决方案的整体以客户为中心的程度。

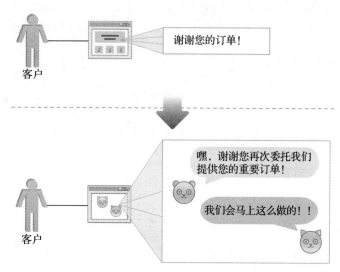

图 5.5　改变沟通的语调和语言举例

5.6.2　主动提供热情服务

面向客户的行为中需要积极主动的热情。有时，这些行为是为了
支持客户的福祉而进行的；有时，这些行为是由于在出现意外问题时
必须保证向客户提供相应服务。无论哪种情况，通常需要积极主动地
且具有创造性地提供热情服务。

例如：

- 客户在线下订单，供应商承诺 3 天内发货。然而，供应商发现
  要延迟一天。解决方案或后端工作人员决定使用减少快递时间

的服务，而不是通知客户发货将会延迟。尽管这样做会增加供应商的成本，导致销售收入减少或没有收入，但保持对客户的原始发货承诺被视为优先，以维持长期的客户关系。

- 一个客户在线订购了 6 种食品。在接受订单后，供应商意识到只有其中 4 种食品有货。供应商不但对 2 种缺货食品进行了退款处理，而且还用另外 2 种相类似的食品替换了缺货的 2 种食品。由此客户获得了免费产品作为未能完全收到所订购物品的补偿。

上面的第 1 个例子中，供应商虽然没在与客户的交互中增加任何明显的温暖度，但积极避免了可能导致客户失望和失去信心的情况。

上面的第 2 个例子中，供应商通过奖励客户礼品来抵消客户对发货不全的负面感受，使客户感受到了温暖。

> 提示：对于许多组织来说，面向客户主动提供热情服务对于建立长期的客户关系至关重要。客户与组织交互时间越长，客户对企业的依赖和信任就越大。当出现问题时，客户转向其他选择的可能性就越低。

上述供应商提供的热情服务可以归类为关系价值行为，它们产生了额外的工作和费用，以支持改善客户为中心的理念，并促进长期客户关系的发展。利用"客户数据智能"可对客户进行案例分析和评估，以确定这种额外的努力和费用是否合理。在图 5.6 中，为了与被视为有价值的客户保持良好的关系，一家手机公司承担了客户超出手机使用限额的额外费用。这种类型的客户分析将在后面的"客户数据智能"部分中进一步探讨。

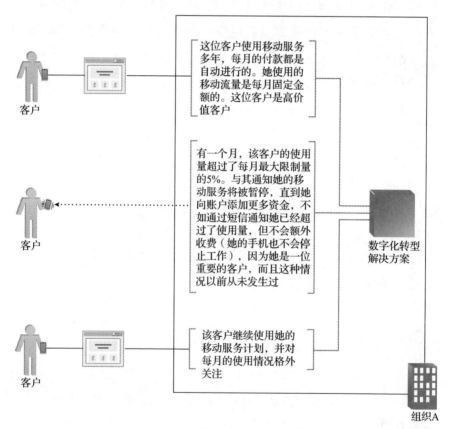

图 5.6　对客户进行案例分析和评估，以确定这种额外的努力和费用是否合理

5.6.3　给客户奖励

组织可以通过奖励礼品和其他类型的奖励来增加与客户交互的温暖度，以表彰客户的价值或忠诚度。一个经典的例子是在线商店经常

使用的奖励积分系统，客户在每次购买后获得积分，可以后续兑换成货币价值。这个简单而经过验证的系统有效地鼓励了重复购买，但也可能成为交易中可预测的一部分，以至于它不再真正"温暖"。

通常，最有效的奖励类型是客户意想不到的。例如，一家移动服务公司在服务客户一年的最后一张账单上赠送了额外的信用额度。或者，一家律师事务所在成功谈判后向重要客户送去一篮食品。这些意外而慷慨的举动被认为是关系价值行为，因为它们可以引发客户的积极情绪，并留下深刻的记忆。在图 5.7 中，客户惊喜地发现在订单包裹中有一张有价值的礼品券。

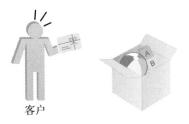

图 5.7　给客户意外惊喜举例

5.6.4　超越客户期望

一些组织，尤其是那些在竞争激烈的环境中努力区别于众的组织，提供超出客户期望的温暖度，将客户至上的理念发挥到更高的水平。

例如，回到之前的例子，供应商通过努力和承担额外的费用主动避免了延迟发货。反过来，供应商可能会比承诺的时间更快地发货，以给客户留下深刻印象，让客户感到被重视和特别对待。

这些超越客户期望的关系价值行为清楚地告知客户所做的额外努力，并确保客户知道这是专门为他们而做的，更明确地表达出了真诚的感激之情，这比定期奖励更容易激发客户更强烈的积极情感。额外的努力也可能给客户带来实际的价值，比如在不增加额外费用的情况下更快地收到订购的物品。在图 5.8 中，一家汽车维修车库通过提供额外的免费服务，超出了客户的期望，这些服务对客户具有实际的益处。

图 5.8　提供额外的免费服务给客户带来实际价值的举例

> 提示：如何以及在何种程度上应用温暖类型可能与客户可能对不同类型的温暖有更强或更弱的反应，组织要对特定客户有更详细的了解。通过数字化转型解决方案，组织从客户资料中获取客户的喜好，以便在与客户交互时更有针对性。

5.7　单渠道、多渠道和全渠道的客户交互

客户通常能够通过不同的方式与组织进行同一项业务的交互。例如，传统上，客户可以通过电话或亲自到店铺订购产品。每个交互选项称为渠道。

如果店铺不接受电话订购，只接受亲自到店订购，即只提供一种互动选项给客户，那么它的订购业务流程就是单渠道的。如果也提供电话订购的情况下，它的订购业务流程是多渠道的。

对于大多数客户交互场景来说，单渠道是罕见的，多渠道是常见的。多渠道交互的问题在于，每个渠道的客户体验通常是完全独立的。如果客户到店并要求将产品预订，多渠道环境不一定会将该预订信息同步到客户的在线商店账户中。

假设客户最初打算到店铺取回预订的商品，但后来决定安排将商品运送到家里。在多渠道订购过程中，客户需要致电店铺取消原始的预订，然后登录在线商店重新预订并选择将商品运送到家庭地址。

数字化转型提倡全渠道的方法，即在多个渠道上对客户交互保持同步。数字化转型进一步提倡多体验的方法，使客户可以选择多种访问方式。

多体验环境通常支持的渠道类型包括：

- 基于 Web 的在线账户。
- 电话和虚拟通信。
- 在线聊天。
- 电子邮件交流。
- 亲自访问。
- 纸质信函或文件交流。

多体验环境通常支持的设备类型包括：

- 笔记本电脑和工作站。
- 智能手机和平板电脑。
- 智能手表和其他可穿戴设备。
- 智能电视。
- 语音激活设备。

全渠道支持是以客户为中心的解决方案设计的关键，有以下好处：

- 提高客户满意度。因为客户意识到他们可以在不重复之前操作的情况下切换到另一个渠道。对于可能需要较长时间的客户交互场景，这尤其重要，这样客户特别欣赏能够从一个渠道上切换到另一个渠道上的灵活性。
- 简化组织与客户交互相关的劳动和工作量，因为在多个交互场景中减少了适应变化、取消和冗余流程步骤的需求。
- 增加了向整体客户体验中添加关系价值行为的机会，因为某些渠道媒介可以提供比其他渠道更强大的客户为中心的功能。例如，一个最初到访实体店然后切换到在线交互的客户现在可以通过在线广告、推荐和奖励来获得服务，而这些可能在面对面访问中无法实现。

在图 5.9 中，客户与银行进行交互，申请并最终获得贷款。每个步骤都通过不同的渠道进行交互。由于银行的贷款解决方案支持全渠道处理，客户不需要重复进行任何交互。

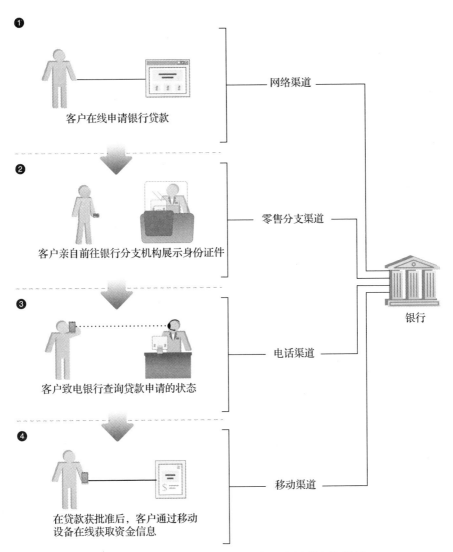

❶

客户在线申请银行贷款

网络渠道

❷

客户亲自前往银行分支机构展示身份证件

零售分支渠道

银行

❸

客户致电银行查询贷款申请的状态

电话渠道

❹

在贷款获批准后，客户通过移动
设备在线获取资金信息

移动渠道

图 5.9　以客户为中心的解决方案中全渠道支持举例

5.8　客户旅程

　　客户旅程是客户与组织、产品或服务交互中的步骤和行为的集合
和顺序。

例如：

- 访问在线商店的客户可能首先与商店交互，浏览可用产品。然后，在选择要购买的产品后，客户将与购物车交互，选择一种运送方式，最后再与商店交互以完成订单支付。这个客户旅程由这些交互组成。
- 访问手机店的客户首先与销售员交互，购买手机，然后与手机服务人员交互，选择一个电话号码并进行手机注册。客户还可以与网站交互，激活手机。在这种情况下，客户旅程基于全渠道交互，可能持续数小时甚至数天。

客户旅程的长度、范围和复杂性各不相同。一个特定的客户旅程通常涵盖多个客户交互。超过单个交易的客户旅程通常被视为建立关系的客户旅程，如图 5.10 所示。数字化转型的主要目标是尽可能使客户旅程以客户为中心，以便建立积极的、持续的客户旅程。

5.9 客户信息与客户档案

数字化转型解决方案实现的基本方式是通过广泛获取、处理和分析与客户相关的信息。可获取的客户相关信息包括：

- 当前的联系信息。
- 之前的联系信息。

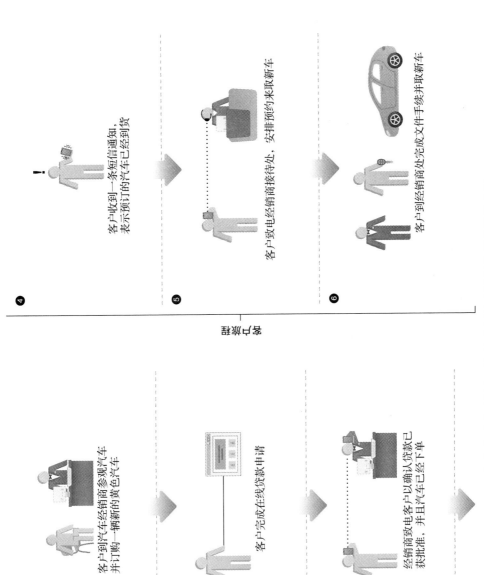

图 5.10　客户为了购买新车而与汽车经销商进行为期几天的交互

- 登录时的地理位置。

- 运送目的地。

- 运送速度偏好。

- 用于在线访问的设备。

- 交互模式。

- 停留时间（在线会话）。

- 兴趣和爱好。

- 消费行为。

- 以往的购买记录。

- 退货记录。

- 之前的沟通语气（友好、不友好、侮辱等）。

- 与其他人（客户或非客户）的关系和朋友关系。

- 在线留下的之前的评论和评级。

在图 5.11 中的数字化转型解决方案提供了一个在线应用程序，旨在捕捉和跟踪一系列特定的与客户相关的事件和行为。每个事件和行为都被存储在一个存储库中，以创建历史客户档案，并为各种分析和数据报告提供依据。

 提示：不同地理区域有不同的法律和政策来规范客户数据的使用。

组织通过分析累积数据来建立客户档案，其中包括：

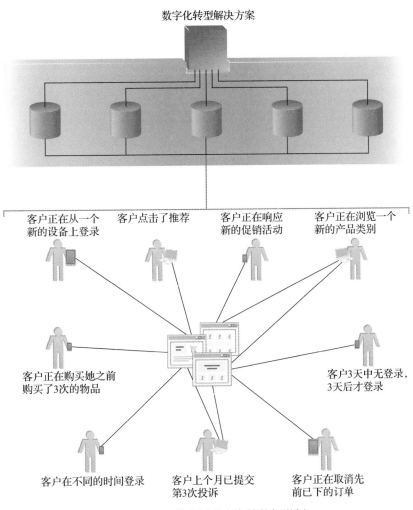

图 5.11　在线应用程序存储数据举例

- 个性档案（喜好、厌恶、偏好、社交地位、社交偏好等）。
- 会话档案（平均在线停留时间、查看的物品数量和类型等）。
- 消费档案（每次 / 每周 / 每年平均消费金额、消费习惯等）。
- 关系档案（对促销活动、降价、推荐等的反应）。
- 交流档案（信息的语气和性质、评论、评级等）。

以上类型的档案信息可以实时输入在线解决方案中，从而在客户下次访问期间能根据客户档案定制其关系价值行为来不断增强交互，还可进行预测，以便采取预测性行为。

该在线解决方案可以确定如何最好地指导客户并与客户交互。例如，客户购买产品 A 和 B 的概率为 78%。根据客户过去的偏好，有57% 的可能性客户会对这个新产品 C 感兴趣。针对这个情况，给该客户提供了一个促销方案：当产品 C 与产品 A 和 B 一起购买时，产品 C 的折扣为 20%。图 5.12 展示了更详细的交互方案。

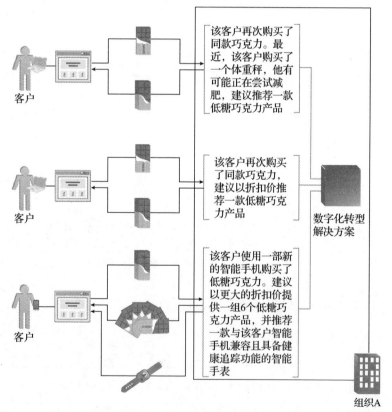

图 5.12　随着客户的购买偏好和行为的变化，数字化转型解决方案不断调整

建立以客户为中心的体验和旅程并不总是为了增加收入。对于许多企业，例如公共部门的企业，客户是需要向其提供非创收产品或服务的个人。在这些情况下，传统的自助服务门户提供相对简单的交易价值功能，从而实现以交易为中心的客户旅程。通过重新审视底层业务流程，可以找到引入关系价值步骤的机会，以尝试使客户旅程更加以客户为中心，如图 5.13 所示。

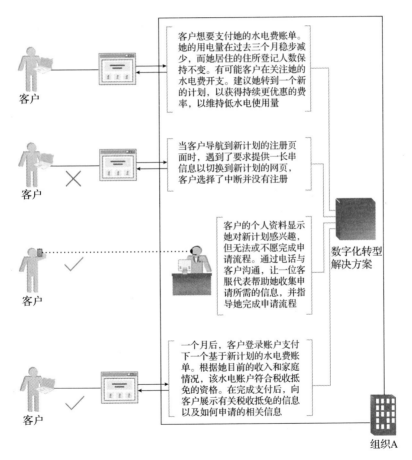

图 5.13　客户被积极引导以改善与公用事业服务机构的关系

第 6 章 | Chapter 6

数据智能

必须以智能的方式
获取数据智能。

在数字化转型中，数据是核心要素。我们已经拥有哪些数据？我
们需要哪些新数据？数据将从哪里获取？我们该如何处理收到的新数
据？本章将回答这些问题。

数字化转型解决方案是数据驱动的，数字化转型的许多关键成功
因素与数据的质量和数量有关。在图 6.1 中，既有自动化解决方案通

常依赖于一个或两个数据库的参与，而数字化转型解决方案通常需要访问多个数据库。

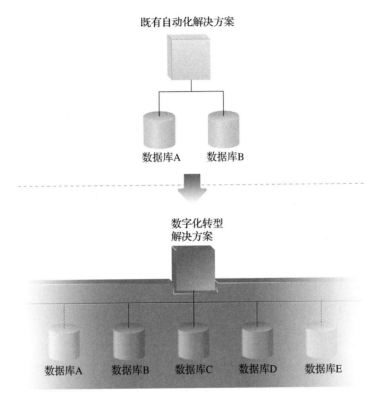

图 6.1　既有自动化解决方案与数字化转型解决方案访问的数据库对比

6.1　数据来源

在组建数字化转型环境时，不仅要确定数据智能的需求，还要确定所需数据中哪些属于组织的所有权，哪些需要从外部获取。在图 6.2 中，组织数据是组织内部拥有的数据，而公开可用或购买的数据是由第三方提供的。

在本节中，我们确定了以下数据来源类型：

- 组织数据。
- 第三方数据。

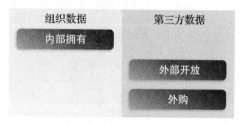

图 6.2　组织数据的来源

6.1.1　组织数据

组织数据主要是指源自组织内部并由组织产生的数据。它是组织所拥有的内部数据，并且组织对其创建和后续治理拥有控制权。组织数据非常有价值，因为它代表了业务运营的专有"核心"。将数据科学实践和系统引入组织数据的处理，往往会对组织在不同领域（通常使用关键绩效指标进行衡量）的优势和劣势方面的新认识和发现。

6.1.2　第三方数据

与既有自动化解决方案相比，数字化转型解决方案通常都依赖于来自内部和外部的大量数据。需要用外部世界的数据补充组织产生和拥有的现有数据，这涉及与超越既有界限改善客户关系有关的基本目标，以及与超越传统地位改善组织在其商业社区中的地位和增长有关的基本目标。

为了超越既有绩效水平，组织几乎总是需要来自外部世界的情报和洞察力。这种情报由第三方数据提供商提供。

> 提示：对于某些组织来说，从第三方来源获取新数据的想法可能很新鲜。仅此一项就需要新员工、IT基础设施、政策、法律要求等的支持。此外，还需要一种方式来确保所获得数据的质量是可接受的。

6.1.3　创建新的数据智能

如前所述，可以通过购买的方式从外部提供商获取数据。尽管这些数据在技术上是由获取数据的组织拥有，但由于数据的来源不是组织本身，因此它并不被归类为组织数据。

然而，不断将"新鲜"的外部数据整合到内部数字化转型解决方案环境中，自然会在内部产生大量新的数据智能，这些数据智能可以被合法地视为新的组织数据。

6.2　常见数据类型

无论数据的总体来源如何，了解与数字化转型相关的数据如何产生以及类型是非常重要的。以下是常见的数据类型：

- 运营数据
- 客户数据
- 社交媒体数据
- 公共数据
- 私营数据

在图 6.3 中，虽然组织的客户数据通常源自内部，但组织也会寻找外部客户数据，以更好地了解和分析组织外部的市场或社区。尽管其他类型的第三方数据可能来源于组织数据（取决于组织的性质），但它们通常是从第三方数据提供商那里获取的。为数字化转型解决方案提供输入的通用数据类型如图 6.4 所示。

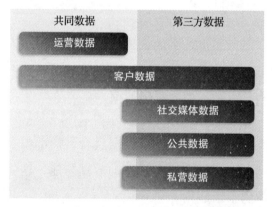

图 6.3　组织客户数据通常从第三方数据提供商获取

6.2.1　运营数据

运营数据是最注重内部的数据类型，它代表了与组织自身运营相关的数据。

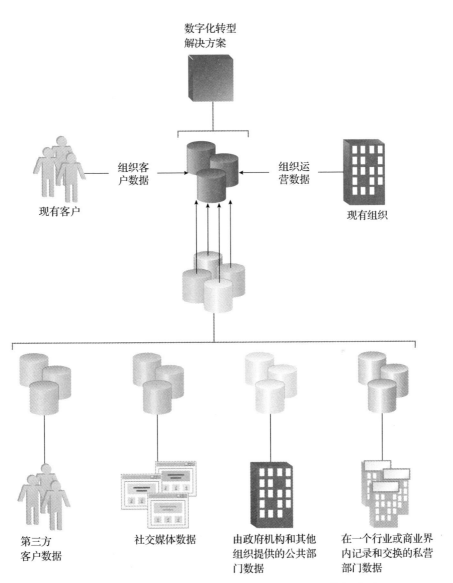

图 6.4　可为数字化转型解决方案提供输入的通用数据类型

运营数据包括：

- 人力资源和员工评估数据。
- 部门和项目绩效数据。
- 预算和其他财务数据。
- 销售统计和配额相关数据。
- 产品生产和销售数据。
- 来自远程传感器的遥测数据。

虽然与数字化转型解决方案相关的大部分数据是外部数据，但运营数据是一种至关重要的输入形式，它使解决方案能够适应变化、满足使用需求并达到客户期望。

6.2.2　客户数据

正如第 5 章的"客户信息与客户档案"所述，详细的客户相关活动和资料数据可以为评估、改进和建立新形式的以客户为中心的解决方案提供极其有价值的洞察。

6.2.3　社交媒体数据

社交媒体数据是由个人用户和企业自愿和自发地通过社交媒体网站和平台提供的。社交媒体公司可对其平台收集和发布的数据进行商业化利用，这些公司被归类为第三方数据提供商。其他第三方供应商或公司也可收集处理这些社交媒体数据，生成分析、统计、趋势信息。

组织可以利用社交媒体数据（或从中派生的数据智能）获得重要而全面的洞察，例如：

- 符合潜在客户配置文件的社交媒体客户的偏好和兴趣。
- 其他组织和竞争对手如何与社交媒体客户进行沟通和关联。
- 在某些社交媒体网站上的广告对组织业务增长是否有效。

社交媒体数据经过处理和筛选，可提供与组织数字解决方案相关的数据智能集合，这对于战略规划和决策制定非常有价值。

6.2.4　公共数据

各种政府组织和部门按照开放许可证发布数据，允许自由使用，但有时需要支付费用才能获取公共数据。这些数据包括以下历史和区域数据。

- 社会、人口和居住数据。
- 基础设施统计和计划中的基础设施改进。
- 交通、污染和噪声质量数据。
- 选举数据。
- 预算和其他财务数据。
- 旅行警示。
- 地理空间数据和卫星图像。
- 能源消耗统计。
- 医疗保健数据。
- 植被、水质、环境数据。

- 规章制度、政策和法律。
- 教育和学术统计数据。

这类数据的发布是基于向公众提供透明度、宣传政府的成就、鼓励更多公民参与、促进外国投资和旅游业等，是为了使政府更加以客户为中心。

根据组织业务的性质（以及组织本身是否属于公共部门），政府发布的数据可以用作进一步增强和塑造新的企业数据智能。

6.2.5　私营数据

作为商业社区的一部分的私营组织可以发布与其所在行业和社区角色相关的数据。有许多行业都有此类社区和协会，例如医疗保健、金融、汽车、制造、供应链等。私营数据可以公开提供，也可仅限于相应的商业社区中的组织使用。

注释：私营社区可能会选择通过区块链访问共享数据，如第 8 章所述。

6.3　数据获取方法

数字化转型解决方案能够获取和存储各种类型的数据。以下是常见的数据获取方法。

使用哪些方法可能取决于数据来源。

6.3.1　手动输入数据

这种数据获取方法是人们手动将数据输入到解决方案中。数据可以由组织内的人员提供，也可以不提供。例如，组织中的数据输入员可能正在输入会计数据（见图 6.5），而组织外的客户可能正在输入客户或订单数据。

图 6.5　手动输入数据举例

6.3.2　自动输入或获取数据

数字化转型解决方案利用机器人自动输入或获取数据（见图 6.6）。此类机器人是能够快速准确地输入数据、从多个来源获取新数据以及自动执行其他常常需要人工执行管理任务的软件程序。

图 6.6　由机器人执行的自动输入数据

6.3.3　捕获遥测数据

数据获取的另一种重要方法是捕获遥测数据，即在远程位置记录数据，然后将其传输回组织及其数字化转型解决方案进行处理和存储。

这些系统基于传感器的广泛部署，这些传感器能够从不同的环境和地理区域获取不同类型的数据。获取的遥测数据通常数量很大。在图 6.7 中，一个传感器发出信号表示电池即将没电。电池公司接收到这个遥测数据，并派遣一名服务技术人员主动更换电池。

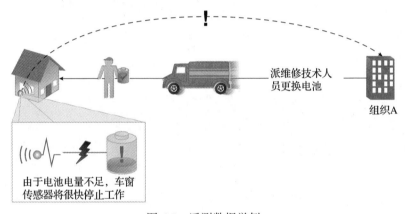

图 6.7　遥测数据举例

注释：自动输入或获取数据与捕获遥测数据与第 8 章中所述的 RPA 和物联网技术有关。

6.3.4　信息数字化

信息数字化是将纸质文件或模拟信息转换为数字化数据的过程。对于大多数组织来说，这个过程涉及扫描大量文件。在图 6.8 中，将纸质文件进行扫描，生成电子图像。这些图像经过光学字符识别

（OCR）程序识别出字符，生成可进行机器处理的数字化数据的文件。数据存储在数据库中，可以进一步检索、查看和处理。

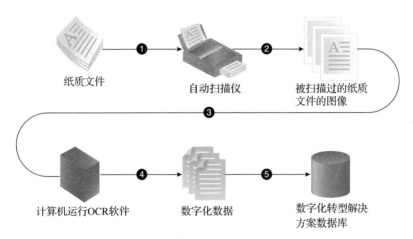

纸质文件　　　　　自动扫描仪　　　　被扫描过的纸质
文件的图像

计算机运行OCR软件　　数字化数据　　　数字化转型解决
方案数据库

图 6.8　OCR 系统识别图像中的字符并将其转换为数字化信息

数字化还可用于将其他类型的信息转换为数字化数据。例如，它可以用于将模拟信号（如温度测量、音频录音、机械压力或重量测量）转换为可以进行数字化处理和存储的形式。

无论数字化数据的来源如何，数字化系统通常都要补充附加元数据。通过添加元数据，如关键词和分类，可以建立数字化数据的上下文，并确保在数字化转型解决方案中正确记录和识别这些数据。

元数据可以由人工添加，也可以由机器人自动添加，借助数据科学技术可进一步辅助机器人实现。元数据可以由数据管理员手动添加，数据管理员会审查和解读数字化数据，以确定用最佳方式标记关键词。另外，数字化数据也可以通过由数据科学驱动的系统进行分析，该系统自动指示机器人添加适当的关键词，如图 6.9 所示。

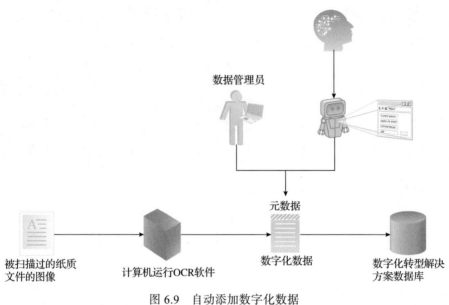

图 6.9　自动添加数字化数据

6.3.5　数据输入

数字化转型解决方案通常要定期接收和处理整套新数据。通过技术方批量导入、实时流式传输和 API 编程）将数据集输入到解决方案环境中。特别重要的是来自贡献数据智能的数据源的数据输入（在第10 章进一步探讨）。

6.4　数据利用

通过不同的获取方法获取不同类型的数据是实现数字化转型的重要支撑。因此，了解数字化转型解决方案的数据利用是至关重要的（见图 6.10）。

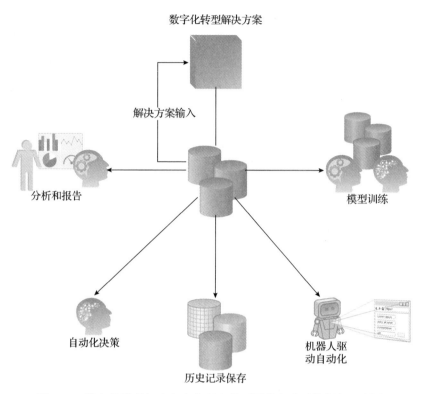

数字化转型解决方案

解决方案输入

分析和报告

模型训练

自动化决策

历史记录保存

机器人驱动自动化

图 6.10　数字化转型解决方案将以多种不同的方式对数据加以利用

6.4.1　分析和报告

数字化转型解决方案的一个基本特征是能够产生支持组织的数据智能，以及利用可用的数据智能来改进组织的运作方式。

强大的数据处理系统作为典型数字化转型的基础设施的一部分，有着能够应用复杂的分析技术和进行分析实践。这些系统利用数据科学技术产生新的数据智能，以报告的形式提供给决策者，这被视为数字化转型举措的主要投资回报。

6.4.2 自动化决策

在构建数字化转型解决方案时，需要使其具有自动化决策逻辑。这将依赖于持续的高质量数据智能。

数据科学技术可用于创建在运行时可分析和评估输入数据能力的系统，并根据分析和评估结果进行推理和决策。

6.4.3 解决方案输入

数字化转型解决方案可以将在运行时接收的数据作为输入。它们的软件编程可以设计得非常灵活，能够接收并根据一系列输入数据以确定解决方案在不同情况下的行为。

6.4.4 机器人驱动的自动化

数字化转型解决方案可以通过有效地利用能够接收决定其行为的输入数据的机器人来增强其自动化能力。数据科学系统可用于向机器人提供输入数据，这是智能自动化解决方案的前提。

6.4.5 模型训练和再训练

自主学习的数据科学系统的核心是模型，这些模型本质上是接受输入并产生结果的数学方程。这些模型经过"训练"，并在训练过程中处理大量数据（见图 6.11），目的是为了完善和优化数学方程，以使其不断发展，产生越来越好的结果。

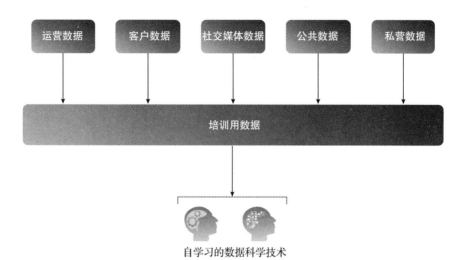

图 6.11　数据科学系统需要训练数据，以使其模型能够完善和优化

大量获取的匿名数据（特别是来自第三方提供商的新数据）通常被用于训练模型，模型从先前的事件、记录、交易等中学习。在模型经过初步训练并投入生产使用后，可以提供新的训练数据来进一步优化和重新训练模型，使系统能够持续学习和改进。

6.4.6　保留历史记录

涉及人工工作、数字化转型解决方案处理以及利用上述数据类型的活动通常需要被记录和保存，以供将来进行审计。

注释：通常，历史审计数据需要使用区块链技术进行不可变存储，如第 8 章中所述。

智能决策

　　数据智能可以帮助人做出更好的决策，因此通过创建数据智能系统来执行相关决策。

　　决策是基于通过审核后的某种形式输入数据来确定行动方案。数字化转型解决方案旨在改善决策的智能化，特别是在提升以客户为中心的能力方面。

具体而言，数据处理和分析技术可以实现以下功能：

- 为决策者提供高质量的输入数据。
- 为自动化决策系统提供高质量的输入数据。
- 不断改进自动化决策系统的输入数据。
- 从先前自动化决策的结果中学习，不断改进自动化决策系统的逻辑。

7.1　条件自动化决策

一旦软件程序被开发出来用于自动完成不同的业务任务，计算机系统就可进行简单的逻辑决策。这种预先定义的逻辑决策被称为条件逻辑。图 7.1 是基本条件逻辑举例，它预先定义了系统如何应对订购项目的数量没有库存的情况。

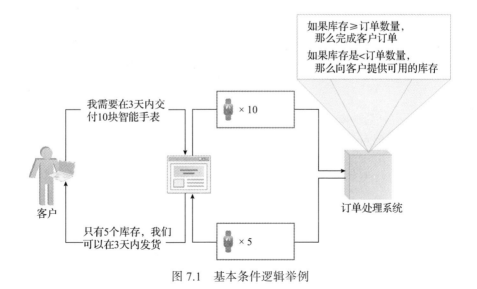

图 7.1　基本条件逻辑举例

　　条件逻辑一直是计算机系统的核心部分，它的复杂性和复杂程度越来越高。虽然条件逻辑可以根据场景进行设定，但它也存在许多限制，因为使用场景需要由系统设计者事先确定。为了改善不同的交互场景的结果，并适应未预料到或更复杂的场景，通常需要人参与决策。在图 7.2 中是两种条件逻辑下的客户交互对比，图下方是经理充当决策者，订单处理职员根据经理的决策执行任务。通过这样的合作，人们能够提供给客户履行原始订单请求的选择，从而改善结果。然而，完成这个过程所需的时间和精力是不可取的，并且存在完全失去客户的风险。

7.2　计算机辅助决策

　　现代数据科学系统提高了数据处理和分析的深度和复杂性，进一步增强了将不同类型的数据组合成有意义的数据智能的能力，从而大大提高计算机辅助决策的质量。在图 7.3 中，计算机显示更深入、更广泛的分析结果，决策者在计算机的帮助下进行决策，所提供的数据可以不断更新，以提供持续的决策指导。

7.3　智能自动化决策

　　数字化转型解决方案可以利用决策引擎（和推理引擎）等先进的数据科学技术，将输入数据与其他类型的数据进行因素分析或交叉引用，并应用附加逻辑来生成决策结果，从而高效地完成简单和复杂的决策任务，无须人工参与，如图 7.4 所示。

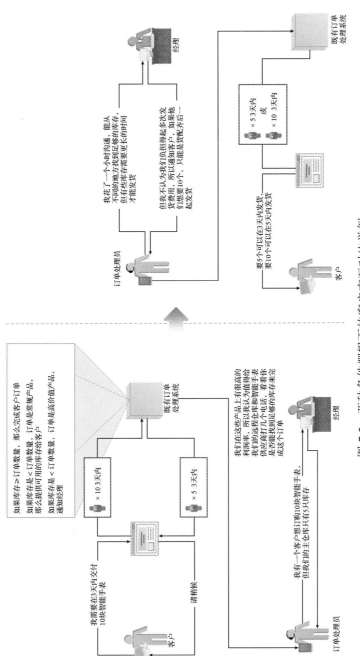

图 7.2 两种条件逻辑下的客户交互对比举例

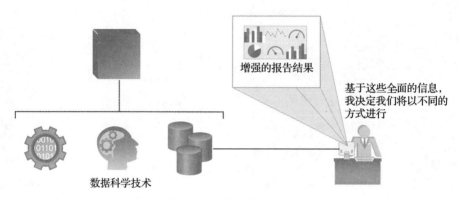

图 7.3 计算机辅助决策

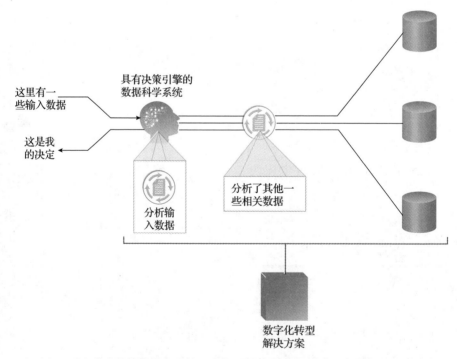

图 7.4 一个带有决策引擎的解决方案能够快速地考虑到一系列数据来执行决策

提示：无论是人工决策还是自动化决策，当决策基于数据智能时，被归类为"智能决策"。因此，决策的质量将与数据的"智能质量"密切相关。

7.3.1 直接驱动的自动化决策

当需要进行特别决策时，例如当客户发起一个决策的行为时，就可以使用直接驱动的自动化决策。使用这种方法，系统的决策引擎是按需进行的，通常由客户交互触发。在图 7.5 中，客户提出成为会员的申请。基于对相关数据（如客户个人资料数据、财务历史数据等）的分析，客户的申请被批准。在这种情况下，自动化决策逻辑可能会选择在某些情况下不做出决策，例如当可用的输入数据不足或请求是针对需要人工进一步审核的某个会员级别时。

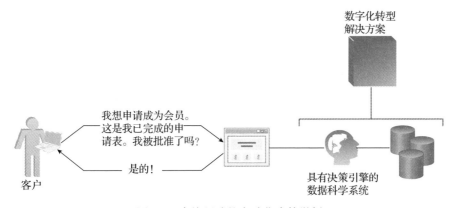

图 7.5　直接驱动的自动化决策举例

7.3.2 定期自动化决策

　　有时候并非需要始终或即时进行决策。在这种情况下，可以进行
定期自动化决策。在图 7.6 中，运输管理解决方案被编程为针对不同
的自动化解决方案定期执行预定的决策任务。该解决方案被设计为首
先确保有足够数量的相关数据可用，然后再启动决策引擎。如果没有
足够的数据，它可以自动推迟决策任务的执行。

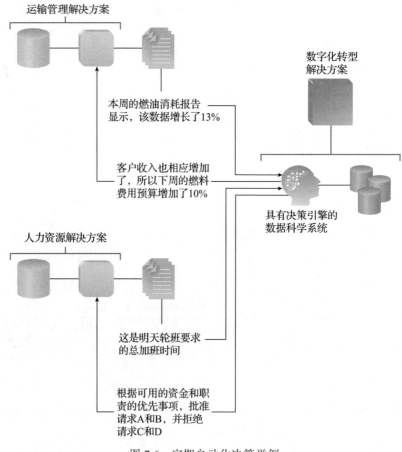

图 7.6　定期自动化决策举例

7.3.3　实时自动化决策

　　数据科学系统及其决策引擎使得解决方案逻辑能够根据需要实时请求和接收决策。图 7.7 中具有决策引擎的数据科学系统是数字化转型解决方案逻辑的一部分。解决方案逻辑（蓝色圆圈）与决策逻辑交互，请求和接收一系列运行时决策，以支持自动化的业务流程逻辑。

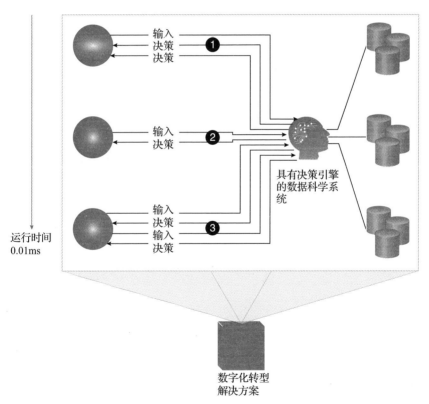

图 7.7　实时自动化决策举例

> **注意**：实时自动化决策如果做出了糟糕的决策，也会带来风险。这是因为实时决策不会提供足够的时间来评估其结果。因此，需要在输入数据质量较高且风险较小的情况下，才能使用这种形式的决策。

7.4 计算机辅助决策与智能自动化决策

决策引擎通常能够比人更快、更果断和更可靠地进行决策。然而，决策引擎将受限于其技术设计、编程质量和所提供的数据质量。另一方面，人的决策具备更广泛的历史理解和智慧，以及一种难以捉摸的"直觉感觉"，有助于人更成功地进行决策。

因此，由人进行决策还是由系统决策，取决于具体决策的性质。

可以考虑以下几个因素：

- 输入数据的质量。业务决策的质量直接取决于用于决策的输入数据的质量。如果输入数据质量较差或存在数据偏差，那么得出的决策更有可能失败。
- 决策结果的风险。不良或错误决策通常与数据科学系统的能力相关，可通过处理大量新（训练和生产）数据并展示从过去失败中自我学习的能力来逐渐增强。在图 7.8 重新展示了图 7.2 中所示的场景，只是现在将决策逻辑的任务交给了解决方案自动执行。解决方案能够快速获取信息，以确定除了本地库存的 5 块智能手表外，还有来自其他渠道的 5 块智能手表可用。然而，提供 10 块手表需要更长的时间。解决方案查询客户的个人资料和交易历史，并确定以 10% 的折扣可使客户有 68% 的概率继续订购 10 块智能手表。在图 7.8 中，数字化转型解决方案给客户提供了购买 10 块智能手表的订单享受 10% 的折扣。然而，数据分析师后来确定这是一个错误的决策。由于其中一个查询数据库提供的输入数据不准确，销售的整体利润率没有完全计算。因此，组织在这笔交易中亏损了。数据分析师通过更新输入数据并对数据科学系统进行进一步训练来采取纠正措施（见图 7.9），使其能够从错误中自我学习。在相同的情况下，解决方案现在提供给客户双倍奖励积分（而不是 10% 的折扣），它计算出这将有 59% 的概率能够吸引客户继续购买。由于改进了输入数据，解决方案可给出更好的决策，它还学会了交叉参考关键数据以确认其有效性，并在完成计算之前进行验证。

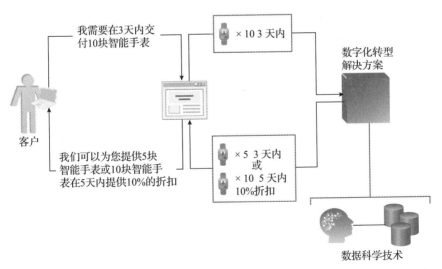

图 7.8　对图 7.2 中所示的场景，解决方案自动执行决策逻辑的情况

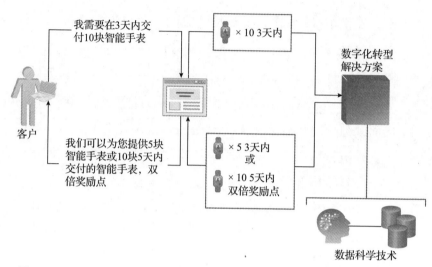

图 7.9　通过更新输入数据并对数据科学系统进行进一步训练来采取纠正措施

　　如果确定一个解决方案在定期基础上可进行明智的决策，数据科学家可以选择让其继续运行，甚至考虑增加其决策责任。如果一个解决方案经常做出糟糕或错误的决策，可以减少或取消其决策责任。

第三部分

数字化转型关键技术

第 8 章 | Chapter 8

数字化转型的智能技术简介

数字化转型解决方案可以提升组织的自动化水平。利用智能技术提高组织的自动化能力是数字化转型的核心目标，旨在改善以客户为中心的服务，以及优化组织的内部运营。本章简要介绍以下智能技术：

- 云计算
- 区块链

- 物联网（IoT）
- 机器人流程自动化（RPA）

这四项技术与数字化转型的以客户为中心的解决方案的关系如图 8.1 所示。它们与数字化转型解决方案的逻辑层和数据层相关并产生影响。

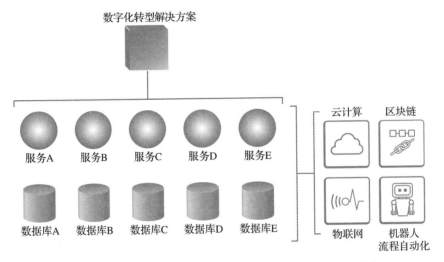

图 8.1 智能技术与数字化转型的以客户为中心的解决方案的关系

8.1 云计算

云计算是分布式计算的一种形式，引入了效用模型来远程提供可扩展和可测量的 IT 资源。这意味着云计算技术提供了集中大量 IT 基础设施资源（物理服务器、虚拟服务器、数据库等），以支持众多解决方案的处理需求。

8.1.1　云计算实践

云计算是数字化转型环境的核心组成。数字化转型解决方案中的云计算特点包括：

- 支持按需扩展 IT 资源，以便可以快速适应高并发和突发使用需求。
- 提供广泛的故障处理支持，当数字化转型解决方案出现故障时，底层机制会自动提供所需资源，使该解决方案继续正常运行。
- 可以测量管理和计费的使用情况。组织可以租用云环境，并仅按其解决方案所消耗的 IT 资源的实际使用量进行计费。必要时，可以限制和控制给定数字化转型解决方案的资源分配。

组织不需要将数字化转型解决方案的所有资源放到云上，可以只将该解决方案组件的子集放到云上。图 8.2 展示了数字化转型解决方案 A 的组件在云上的不同部署选项。云 A 托管五个解决方案服务中的三个，云 B 则托管五个解决方案数据库中的三个，云 C 托管三个服务和三个数据库一起。蓝色框表示托管服务和数据库的云服务器。

> 提示：可以选择将服务器、数据库和其他 IT 资源的管理和维护责任转移到云提供商。

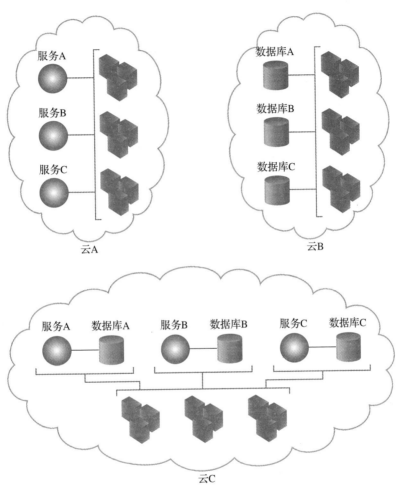

图 8.2　数字化转型解决方案组件在云上的不同部署选项

　　图 8.3、图 8.4 和图 8.5 更详细地介绍了解决方案的五个服务和数据库在与云 A、云 B 和云 C 相关的物理分布方式和位置。在图 8.3 中，所有五个数据库都驻留在组织 A 内部，而三个服务则托管在外部云环境（云 A）中，这是在服务 A、B 和 C 受到高并发使用或不可预测使用期间的适当模型。在这种情况下，云环境将自动根据需要

扩展所需的底层 IT 资源。在图 8.4 中，所有五个服务都驻留在组织 A 内部，而三个数据库则托管在外部云环境（云 B）中，这是适合数据库 A、B 和 C 具有高容量存储需求或受到高并发数据访问（例如机器学习或人工智能系统）影响的模型。在这种情况下，云环境可以提供数据库的自动复制和同步，以支持高使用量和处理需求。在图 8.5 中，两个服务和两个数据库驻留在组织 A 内部，而三个服务和三个数据库则托管在外部云环境（云 C）中。这是适合整体数字化转型明确需要高性能和 / 或高可靠性的模型。在这种情况下，底层云环境按需提供支持。驻留在组织内部的服务和数据库可能没有高性能或可靠性要求，或者可能需要保持在组织边界内以遵守某些政策和法规。

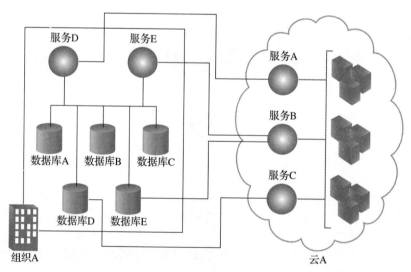

图 8.3　所有五个数据库都驻留在组织 A 内部，而三个服务则托管在外部云环境（云 A）中

　　图 8.5 具有数据为中心的特性，并且依赖于对大量数据源的访问和处理。严格的数据隐私和保护法规会使这些解决方案的任何部分无

法驻留在组织边界之外。这就是为什么私有云是数字化转型环境的基础的原因。

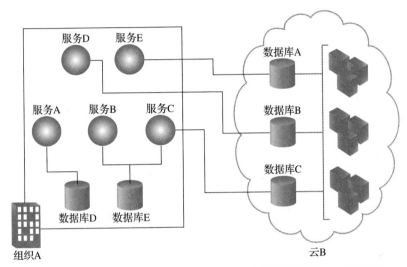

图 8.4　所有五个服务都驻留在组织 A 内部，而三个数据库则托管在外部云环境（云 B）中

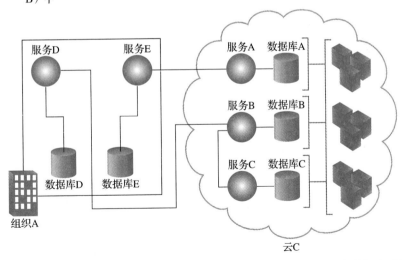

图 8.5　两个服务和两个数据库驻留在组织 A 内部，而三个服务和三个数据库则托管在外部云环境（云 C）中

私有云是组织的内部云。组织的 IT 部门拥有云环境，利用私有云来托管一组可扩展、有弹性的与其他 IT 部门的项目团队共享的 IT 资源，以支持不同组织部门的数字化转型解决方案，如图 8.6 所示。

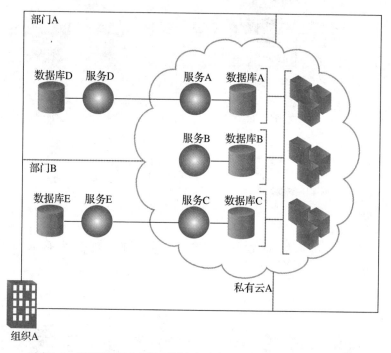

图 8.6　利用私有云支持不同组织部门的数字化转型解决方案

> 提示：还存在几种混合云模型，使组织能够将其数字化转型解决方案的组件分布在私有云和公有云中。

8.1.2　常见风险和挑战

● 增加的安全漏洞。公有云提供的资源远程位置需要扩展信任边界，但在不引入安全问题的情况下很难实现。此外，在公有云中托管解决方案和业务数据可能会引发组织无法控制的安全漏洞，或者可能引入对集成安全框架的需求。

- 降低的运营治理控制。使用公有云的组织通常对基于云的基础设施的控制级别比对自己的内部 IT 基础设施的控制级别低。这种降低的控制级别形成了对云提供商的直接依赖，当云提供商不可靠时会带来风险。

- 云提供商之间的可移植性有限。由于云计算行业缺乏行业标准，单个公有云环境通常有一定的专有性。依赖这些环境可能会使组织难以将其 IT 资产移动到另一个云中。

- 多个地区的合规和法律问题。在公有云中托管数据时，数据的实际物理位置可能位于违反数据相关行业或政府法规和政策的地理区域。

- 成本超支。尽管云计算是基于一个通过简化 IT 运营和减少开销来增加价值的环境，但当云计划没有得到适当的规划、实施和治理时，相反的情况可能会发生。

> 提示：虽然上述四个风险和挑战主要与使用公有云相关，但最后一项是应用于公有云和私有云的风险。

8.2 区块链

区块链是一种透明的和安全的存储重要数据的技术。

具体来说，区块链系统可以实现以下功能：

- 提供存储数据的高度安全的存储库，称为分布式账本。分布式账本提供"不可变"的存储，这意味着一旦数据被写入数据库，它永远不能更改。

- 允许分布式账本由多个参与方拥有或管理，而不仅仅是一个参与方。这被称为分散的权威，并依赖于涉及部分或全部用户的全面验证过程（称为共识过程）。当区块链在社区环境中使用时，这尤为重要。

- 允许各方之间直接进行交易，而不用通过银行这样的机构进行中转。这是基于加密货币系统的基础，这些系统专门利用区块链技术进行金融交易。

- 使所有数据对所有用户透明。在区块链环境组成的网络中，用户接收整个或部分分布式账本的完整版本。这种开放透明性对于支持分散的权威是重要的。

8.2.1　区块链实践

尽管区块链的起源与金融业和加密货币的出现有关，但它在数字化转型环境中的使用已相当广泛。它具有高度安全的数据存储能力，这对需要为关键业务数据提供不可变存储的不同行业的 IT 企业非常有价值。在图 8.7 中，服务 C 将重要数据存储到不可变的区块链分布式账本中。

在分布式账本中，信息被组织成块，这些块由数据记录和元数据填充。当一个块达到其容量时，就会被添加到现有的块链中，并通过复杂的安全哈希方法永久连接在一起（见图 8.8）。

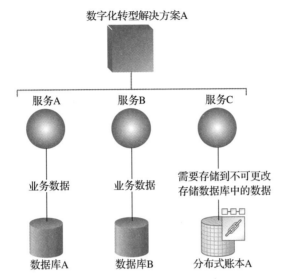

图 8.7   数字化转型解决方案的服务访问并存储不同存储库中的业务数据

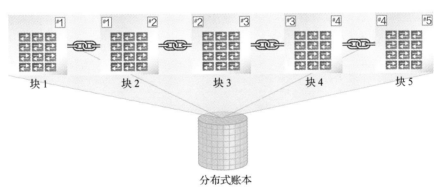

图 8.8   在分布式账本中,每个块连接在一起形成一个块链(或"区块链")

适合使用区块链的场景包括:

- 需要准确记录和安全保留以供审计的金融交易数据。

- 需要在不可变存储中捕获时间敏感的医学研究用数据和患者
  数据。

- 需要可靠记录历史用户访问信息，以防止恶意用户对其进行修改，并确保用于安全审计时的完整性。
- 需要安全存储并在法律上时间戳的业务数据和文档，以便数据的历史准确性在法律上不容置疑。区块链提供的分散且透明的使用模型可用于合作伙伴社区可靠地共享数据并进行交易。但是，将区块链引入其 IT 企业的私人组织并不需要采用此模型。

区块链系统提供的分布式账本专门设计用于提供不可变和高度安全的数据存储。但在后续数据访问和查询方面，它的容纳能力较差。虽然提供访问分布式账本的工具存在，但总体来说，它们不像传统关系型数据库那样容易访问。

因此，存在一组常见的共存模型，使组织能够将分布式账本置于其数字化转型解决方案中。

注释：在即将描述的模型中，关系型数据库被称为"集中式"，以表示它们是由多个用户访问的单个数据库。这与区块链网络形成对比，因为"分散化"的分布式账本可以为每个用户复制多个副本。

---

1. 部分业务数据捕获

关系型数据库中存储的部分数据可以在分布式账本中进行冗余存储（见图 8.9）。当集中式关系型数据库的解决方案生成的数据具有敏感性或高价值，并且需要长期保持完整性时，该模型是适用的。在这种情况下，可以将分布式账本定位为不可变数据存储，通过确保数据不可修改来锁定最初捕获的数据。例如，订单处理解决方案的所有者

可能希望在分布式账本中冗余捕获订单交易记录，而所有客户和产品
记录可以仅保留在关系型数据库中。

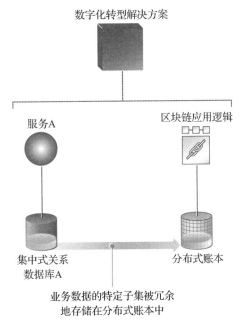

图 8.9　集中式关系型数据库中的部分数据被冗余地存储在分布式账本中

2. 全面业务数据捕获

如果需要将关系型数据库的全部内容进行不可变存储和保护，则
使用图 8.10 所示的模型，即关系型数据库中的大部分或全部数据可
以在分布式账本中进行冗余存储，但这种模型不常见。例如，警察局
的数据库可能专门用于存储与在犯罪现场收集的证据有关的记录，包
括定位、处理和存储证据的警察人员的姓名等。

3. 日志数据访问捕获

可以在分布式账本中捕获集中式关系型数据库的数据访问日志记

录（见图 8.11）。这种模型适用于加强对业务数据库的安全控制，以便在对任何未经授权的数据访问尝试或可能发生的数据操纵有疑问时，可以将分布式账本提供的不可变日志存储库作为可靠的"真相来源"来进行检查。例如，一个包含学生记录、成绩和获得认证的数据库可用于维护和验证每个学生的学术状况。当发生安全漏洞时，可对学生成绩或获得的认证进行追溯即操纵历史日志数据。其中一些漏洞可能已经在一段时间内未被发现，使用相应分布式账本中的不可变数据访问日志记录，可以进行可靠的历史审计，以识别和检测异常和可疑的数据访问活动。

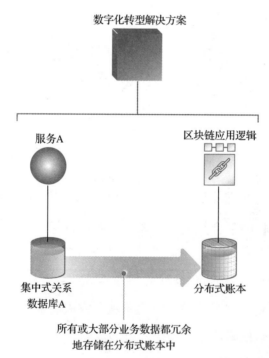

图 8.10　集中式关系型数据库中的大部分或全部数据被冗余地存储在分布式账本中

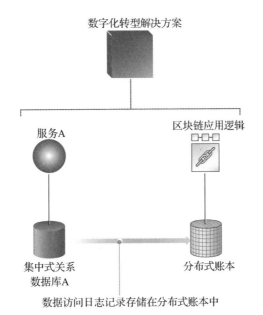

图 8.11   集中式关系型数据库的历史数据访问日志记录存储在分布式账本中

4.部分业务数据存储

有一种业务解决方案是将其部分数据存储在集中式关系型数据库中，其他数据存储在分布式账本中，图 8.12 中的解决方案逻辑确定记录应存储在集中式关系型数据库中还是提交到区块链系统逻辑存储到分布式账本。该解决方案旨在避免在关系型数据库和分布式账本之间不必要的数据冗余。具有高性能数据访问要求（例如创建、读取、更新和删除操作）的记录存储在集中式关系型数据库中。需要正式验证和永久不可变存储的记录被放置在分布式账本中。

例如，负责处理车辆保险索赔的监管组织使用一个解决方案来存储与车辆损坏和人身伤害索赔相关的各种记录。该组织收到事故现场的报告，然后由一名职员进行转录，转录版本则可供与索赔有关的人使用。

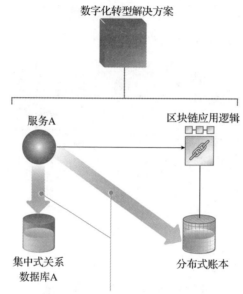

图 8.12　数字化转型解决方案中的服务与区块链系统集成

　　该解决方案可以设计成将事故报告记录直接提交到分布式账本中，公共版本的报告以及其他与索赔相关的记录存储在集中式关系型数据库中。如果有关公共事故报告数据的合法性存在争议，原始事故报告数据可以从分布式账本中检索出来，作为可靠的"真相来源"。

5. 账本导出

　　分布式账本中存储的数据记录被导出到集中式关系型数据库中（见图 8.13）。当区块链系统获取的数据需要以更易于访问的数据方式提供时，这种模型是合适的。根据数据的性质和通过关系型数据库访问数据的功能要求，该模型会引入记录在关系型数据库表中如何结构化的复杂性。例如，一种热门的金融区块链系统有多年的交易历史记

录。参与和监督去中心化区块链网络的社区共同决定基于一种新形式
的加密货币推出新的金融解决方案。在这样做之前，需要使用现有解
决方案的历史数据进行一些分析工作，以生成一系列报告，包括基于
大数据分析和预测建模的报告。

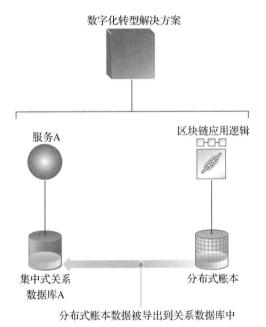

图 8.13　分布式账本中的记录被导出到集中式关系型数据库中

为支持这项研究，可以建立一个关系型数据库，其中包含从分布
式账本中导出的相关数据。用户可以安全地更新和增强数据，因为历
史数据记录在当前区块链系统的分布式账本中是安全的。

8.2.2　常见风险和挑战

- 安全漏洞。在社区内使用的区块链可以依赖于投票系统，这意

味着如果恶意方能够控制大多数选票，则说明它有意伪造记录
或产生无效的记录。

- 数据隐私问题。社区区块链系统可以被设计成无需许可，从而
  允许潜在的私人数据被公开查看和访问。

- 浪费的处理。一些区块链处理要求可能需要大量的计算能力，
  导致过高和潜在的性能耗费。

- 可扩展的阈值。一些区块链系统设计可以限制块的验证和创
  建。这些限制可能会抑制系统的整体可扩展性，这与组织需要
  编写和访问数据的速度有关。

- 非法活动。因为区块链系统可绕过中央处理器，所以更易被用
  于非法目的。

- 集成困难。区块链系统主要是设计为独立实现。它的底层技术
  是不同于既有自动化解决方案技术的，这使得集成区块链系统
  变得可能昂贵和复杂。

8.3 物联网

物联网是一种专门用于建立广泛连接的技术，以支持对远程获取
遥测数据和执行命令的设备进行定位。

物联网系统由通过网络连接的设备组成，依赖于网关、电信塔和
卫星来覆盖地理范围。虽然给定的物联网系统的范围是有限的（由单
个位置中的少数设备组成），但多数物联网系统非常庞大，包括分布
在许多位置的数百个设备。

8.3.1　物联网设备

物联网设备是自身带有电源的硬件组件。每个设备都有一个用于
接收和传输数据的调制解调器，以及一个或多个传感器、一个或多个
执行器和逻辑控制器（见图 8.14）。

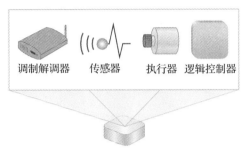

调制解调器　传感器　执行器　逻辑控制器

图 8.14　物联网设备的组成

物联网设备可以设置不同的功能组合，以执行不同类型的功能。
传感器用于远程获取有关特定活动的数据，然后，通过调制解调器将
这些数据传回数字化转型解决方案。这种远程获取和传输的数据称为
遥测数据。在图 8.15 中，由于无法远程访问家庭用的电表等计量器
表，需要相关人员驾车到每个家庭查看表读数（上图）。这个过程会
消耗大量人力物力。当家庭配备有传感器的物联网设备时，就不必现
场查看而是能远程获取相应数据（下图）。

物联网系统产生大量的遥测数据，这些遥测数据用作数字化转型
平台的输入数据。在图 8.16 中，一家物流公司从物联网设备不断接
收遥测数据流。这些数据流用于跟踪国际运输的不同资产。后端分析
和处理系统进一步分析这些数据流，不断评估各种运输方法的性能，
并识别潜在的优化和改进机会。

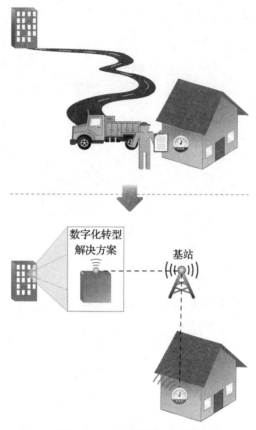

图 8.15　遥测数据获取举例

　　物联网系统可以持续分析和处理最新的遥测数据，以为数字化转型解决方案提供数据智能。

　　物联网设备的调制解调器还能接收来自数字化转型解决方案的命令。这些设备配备了能够与物理对象交互的执行器。在图 8.17 中，城市中的路灯通过预先编程以在特定时间打开和关闭。当遇到能源短缺情况时，若路灯仍保持开启则会导致可用电力减少（上图）。利用数字化转型解决方案，路灯配备有物联网系统的执行器，可以远程和单独地打开和关闭路灯。在这种情况下，数字化转型解决方案通过发送指令临时关闭间隔的路灯以应对电力短缺（下图）。

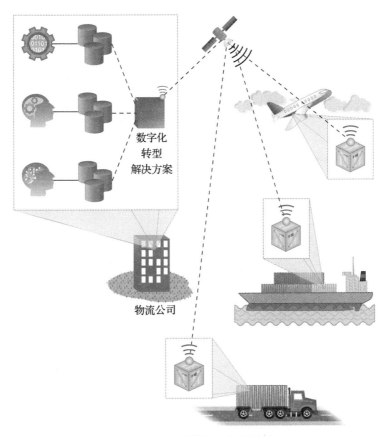

图 8.16   遥测数据的应用举例

提示：物联网传感器中的电子元件尺寸非常小，可以在低电量的情况下长时间运行。一些设备可以在单个电池上连续工作数年。

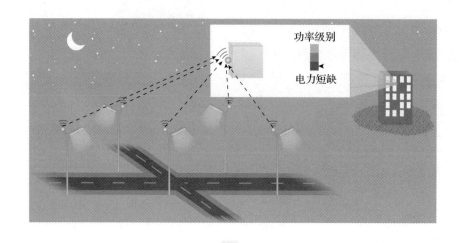

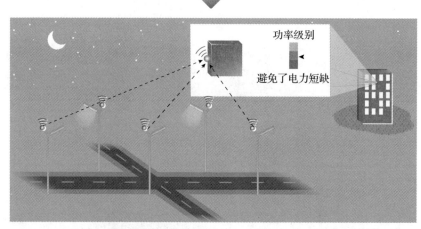

图 8.17　物联网设备的调制解调器接收来自数字化转型解决方案的命令举例

　　物联网设备可能还包含逻辑控制器，不需要从后端解决方案接收命令。相反，逻辑控制器使其能够在本地处理传感器数据、执行内部逻辑并向执行器发出命令。在图 8.18 中，一架飞机装载着保存易腐货物的制冷装置。连接在制冷装置上的物联网设备能够自行监测制冷温度。设备的逻辑控制器检测到温度过低或过高时，会调用执行器来调整制冷温度。

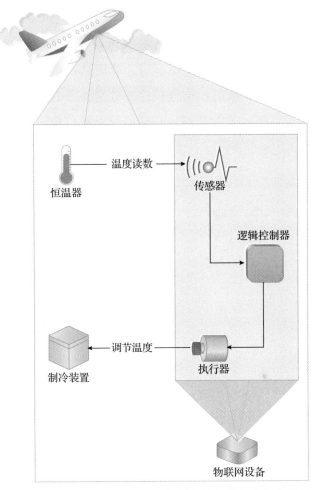

图 8.18　物联网设备执行内部逻辑并向执行器发出命令举例

8.3.2　物联网实践

物联网系统可以非常庞大，通常由数百个设备组成，不断获取和处理遥测数据。整个社区可以利用物联网系统来优化广泛的基础设施和运营环境。接收遥测数据并向设备发出命令的后端数字化转型解

决方案甚至可以位于另一个地理区域。在图 8.19 中，位于一个地区
的数字化转型解决方案从另一个地区的物联网系统接收和处理城市活
动数据。该解决方案可能归政府所有，政府从不同地区的不同城市接
收这种类型的数据。政府机构分析这些数据，以确定如何满足其居民
（客户）的需求，进一步改善城市环境，这些数据也可以作为公共部门
数据提供给其他组织使用。

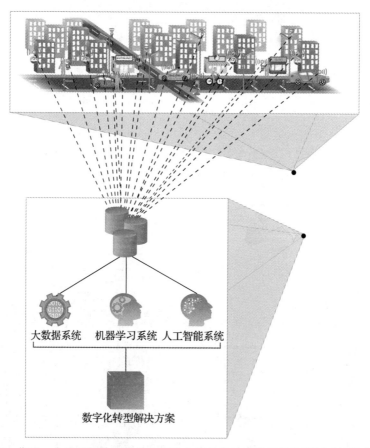

图 8.19　位于一个地区的数字化转型解决方案从另一个地区的物联网系统接收和处
　　　　理城市活动数据举例

提示：工业物联网（或 IIoT）是物联网的一种专业变体，更注重从工业环境（例如制造工厂）获取遥测数据。

提示：物联网是数字孪生解决方案的核心技术，通过使用从实际对象获取的传感器数据，在虚拟环境中创建虚拟物理对象（例如车辆或制造机器）并在不同的模拟场景下进行测试和改进。

8.3.3　常见风险和挑战

- 复杂生态系统。物联网系统可演变成由众多连接设备、中间件和网络连接组成的大型复杂环境，这可能导致繁重的系统维护和管理。

- 缺乏标准化。物联网系统由各种不同的连接设备组成，覆盖所有通信层。设备标准化的缺乏使得基于专有架构构建的物联网系统不兼容。这可能导致在需要连接不同系统时出现显著的互操作性挑战。

- 连接成本与价值。在规划物联网交付项目时，很难预测需要连接多少设备和需要在这些设备之间发生的交互程度，以及可能需要的各种使用场景。因此，预测建立和运行基于物联网的环境的实际成本具有挑战性。

- 数据隐私规定。不同设备获取的数据性质可能受到地区数据隐私规定的限制，由此限制了数字化转型解决方案共享、传输和存储数据。

- 安全执行。物联网设备通常需要在资源受限模式下运行。这使得在高容量情况下将加密和其他安全传输数据的处理要求纳入其中变得具有挑战性。未经安全保护的数据易受未经授权的访问攻击和潜在滥用的风险。

- 收集"噪声"数据。物联网系统作为数字化转型环境中的关键成功因素之一是可正确定义所获取数据的性质。物联网系统很容易无意中获取了大量无关数据，这些数据增加了数据科学系统需要过滤"噪声"的负担。

> **注意**：对于地理上分散的物联网设备，它们通过低频网络进行遥测数据的通信。连接问题可能导致遥测数据以不一致的间隔传输。

8.4 机器人流程自动化

机器人流程自动化（RPA）是一种业务流程自动化技术，利用专门的软件程序（通常称为机器人）与用户界面进行交互（见图 8.20）。

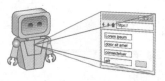

图 8.20 尽管被描绘为机器人，但 RPA 机器人实际上是专门设计用于复制人使用计算机执行任务的软件程序

组织根据内部业务任务的性质，部署 RPA 会显著提升生产力。单个 RPA 机器人执行一组冗余和可预测的任务，需要一组人员来完

成（见图 8.21）。

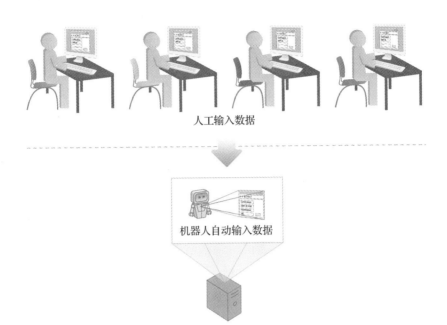

人工输入数据

机器人自动输入数据

图 8.21　单个 RPA 机器人能够达到多个人工作效率的水平

8.4.1　机器人流程自动化实践

- 数据输入。RPA 机器人可以读取或检索数据，然后与在线表单进行交互，以填充和提交数据。
- 消息路由。RPA 机器人可以读取和处理接收到的数据，例如通过电子邮件发送的数据，然后提取该数据的部分以将其路由到其他人（也通过电子邮件）。
- 网络搜索。RPA 机器人可以与 Web 浏览器进行交互，扫描网站并收集不同类型的数据。RPA 机器人可以聚合这些数据，然后将其存储或进一步转发。

- 数据搜索和管理。RPA 可用于组织数据和文件。例如，RPA 机器人可以打开文件以提取数据，然后将提取的数据重新定位到其他位置。RPA 机器人还可以在文件和文档上执行搜索，以识别与搜索条件匹配的文件，并通过 OCR 进一步自动化和数字化，以生成新的数字化数据。

- 用户验收测试。创建或更新解决方案时，通常需要经过测试阶段，RPA 机器人通常可以更加深入地进行测试以尝试排除任何难以找到的故障。

RPA 机器人与用户界面交互的能力称为前端集成。RPA 环境进一步支持后端集成，这意味着它们能够通过其 API 连接到系统。虽然 RPA 机器人负责前端集成，但单独的 RPA 控制器程序通常负责后端集成（见图 8.22）。RPA 机器人接收检索到的数据，然后使用它来填充不同既有系统上的用户界面。

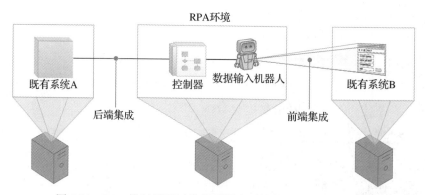

图 8.22　RPA 控制器通过连接到既有系统的 API 来检索数据

无论任务的性质如何，RPA 机器人都有能力访问和处理广泛的数据（见图 8.23）。这些可能是重复自动化的单个任务，也可能是作为工作流的一部分按顺序完成的任务。为了执行任何这些任务，RPA 机器人通常会与相应的用户界面进行交互（本图中未显示）。

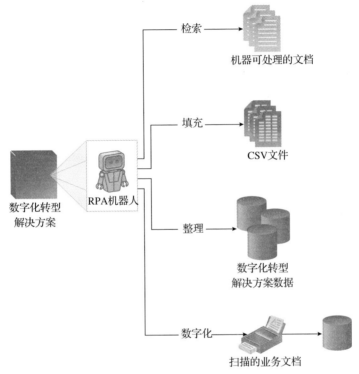

图 8.23　RPA 机器人在不同类型的数据上执行不同的数据处理任务

由一个任务产生的数据可以被 RPA 机器人用来完成另一个任务。多个 RPA 机器人可以组成一个团队，并作为更大的业务流程的一部分。这适用于需要完成两个或多个不同人工任务的业务流程，每个任务都可以使用 RPA 机器人自动完成（见图 8.24）。RPA 逻辑控制器编排两个机器人的参与。

常规软件程序通常是开箱即用的程序。RPA 工具通常提供图形用户界面和简单的脚本功能，使非技术用户也可启用机器人的前端集成能力。

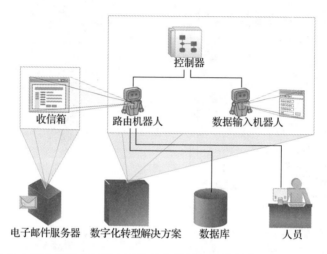

图 8.24 路由机器人扫描电子邮件收件箱以查找特定的电子邮件消息

虽然机器人可以自动化一系列简单任务，但 RPA 与人工智能结合，可以形成更复杂的机器人驱动业务流程自动化形式，称为智能自动化。人工智能系统可以进行实时自动化决策，自主指示 RPA 环境执行不同的任务，并在适应新情况时进一步增强这些指令。

 提示：将 RPA 与数据科学技术结合使用可称为超级自动化。

8.4.2 常见风险和挑战

- 弱集成。尽管 RPA 提供了在一个系统的后端和另一个系统的前端之间建立桥梁的手段，但这样做的好处可能只是短期的。

有时，更有效的方法是替换或增强既有环境，以更直接和强大的方式进行连接，而不是依赖 RPA 环境充当中介。随着时间的推移，为此目的使用 RPA 可能使系统之间的集成变得难以实现，从而导致系统不可靠和维护成本高昂，降低其长期价值。

- 重新设计业务流程。将之前人工完成的任务分配给现在可以自动完成的机器人，并显著改变基础业务流程的行为、性能和复杂性。这可能需要重新设计业务流程，以确保它将继续正确执行。这种重新设计会导致成本增加。

- 文化和道德影响。不同组织引入 RPA 机器人会有所不同。一些组织将会将对人工执行任务的员工进行再培训，并被赋予更有意义的任务。在其他情况下，可能会非常关注缩小组织规模，因为使用机器人比保留人工工人更经济。另外，不能低估文化和道德影响，因为它们可能最终会削弱采用 RPA 所获得的价值。

- 性能限制。RPA 机器人很容易设置和激活，并且非常擅长自动化可预测的任务。然而，有些业务流程任务并不总是简单的或可预测的。处理异常、变化或未预见的情况可能会导致机器人未能完成某些任务，甚至跳过任务。

- 规模限制。由于上述性能限制和 RPA 机器人参与的业务流程的会有不可预见的复杂性，因此，难以根据实际使用需求来扩展对机器人的使用。

第 9 章 | Chapter 9

数字化转型的数据科学技术简介

数字化转型的许多特征和成功的决定因素都与数据智能有关。

数据智能是数字化转型环境的生命线，可改善以客户为中心的理念并从战略上指导整体业务。

本章简要介绍以下数据科学技术：

- 大数据分析与预测
- 机器学习
- 人工智能（AI）

以上技术内容主要聚焦于与数字化转型解决方案的关系以及它们如何用于为决策者提供数据智能（见图 9.1）。

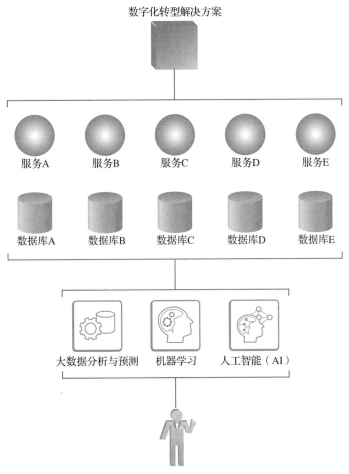

图 9.1　数据科学技术与数字化转型解决方案的关系

9.1 大数据分析与预测

如之前所述，数字化转型环境本质上是数据驱动的，这些数据是海量的并将持续积累。

大数据分析与预测是数据科学的一个成熟领域，涵盖了对大量不同数据的数据分析、处理和存储，旨在产生新形式的数据智能。典型的大数据系统（见图 9.2）能够接收（摄取）不同来源的不同结构的数据，并对这些数据进行分析与预测，从而产生数据智能。

大数据系统可用于以下方面：

- 集成多个不相关的数据集。
- 集成具有不同格式的数据集（结构化、非结构化、半结构化）。
- 一次处理大量数据。
- 过滤掉与给定分析不相关的数据。
- 从组合数据中提取有意义的分析结果。
- 识别数据集中隐藏的信息。

除了支持决策者外，大数据系统产生的数据智能还可用于改善数字化转型解决方案中以客户为中心的相关内容。在图 9.3 中，一个客户想去他从未去过的地方旅行。客户不想浪费时间研究该地区，也不想参观可能不感兴趣的地方。组织 A 被聘请为客户提供个性化的旅行行程。

> 提示：筛选大型数据集以识别模式和趋势的自动化过程称为数据挖掘。

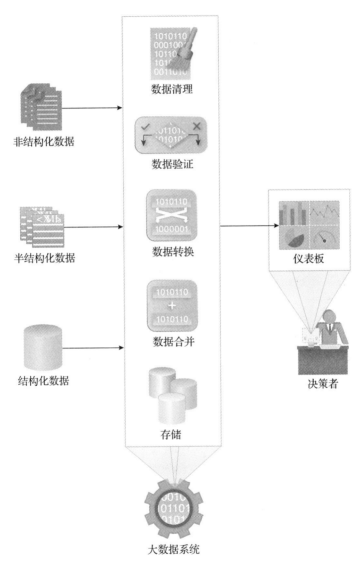

图 9.2　典型的大数据系统

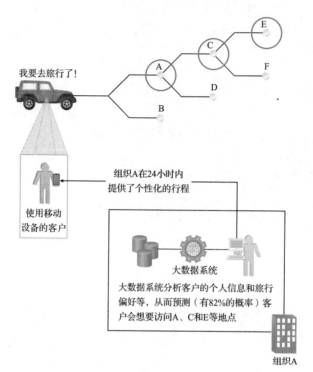

图 9.3　数据智能用于增强数字化转型解决方案的客户中心性举例

9.1.1　大数据的 5 个 V

大数据系统处理的数据具有 5 个特征，通常称为"5 个 V"（见图 9.4）。

- 数据量大。大数据系统处理的数据量很大，并不断增长。
- 数据高速性。数据需要快速接收和处理，导致在非常短的时间内积累大型数据集。
- 数据多样性。组合、处理和分析多种格式和类型的数据。
- 数据可信度。"嘈杂"数据不会增加价值，还会导致数据集混乱。大数据系统通过过滤此类数据来提高数据可信度。

- 数据价值。数据对组织的有用程度。

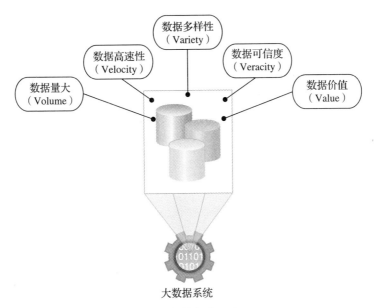

图 9.4　大数据的 5 个 V

数据的价值既与可信度有关，又取决于数据处理所需的时间。如果将数据转化为有意义的信息需要的时间越长，则可能对业务的价值越小，因为它会降低业务做出明智决策的速度。

除了可信度和时间之外，价值还取决于以下因素：

- 数据过滤。
- 数据存储。
- 在数据分析过程中是否提出了正确的问题。
- 数据分析结果是否准确地传达给决策者。

9.1.2　大数据实践

大数据系统用于从大量不同数据源中提取有意义的结果。通常通过仪表板（见图 9.5）向决策者提供结果报告。

大数据系统和实践是组织具备数据科学能力的基础。正在进行数字化转型的组织需要获取、实时分析和处理大量不同数据，并将数据回传到数字化转型解决方案，以完成决策。因此，大数据系统和实践需要通过机器学习和人工智能进行补充和拓展。

 提示：数据可视化工具可提供动态、交互式的仪表板，供决策者自定义数据视图，例如总结数据或显示详细的数据分析。

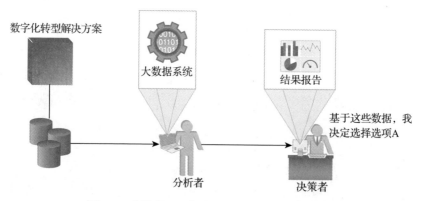

图 9.5　决策者通过仪表板查看结果并进行决策

9.1.3　常见风险和挑战

- 数据隐私问题。对数据集进行分析会涉及组织或个人的机密信息。即使分析包含匿名数据的单独数据集，当这些数据集联合分析时也会涉及私人信息，由此可能会导致隐私泄露。

- 安全性较弱。一些大数据系统在访问控制和数据安全方面缺乏健壮性。在这些环境中保护数据集是特别重要的，以确保所有涉及的网络和存储库都有适当的安全控制。

- 有限的实时支持。大数据系统部分通常需要实时或接近实时的数据传输。许多大数据系统和工具是面向批处理的，这意味着对流数据分析结果的支持可能受限或不存在。

- 独特的性能挑战。由于大数据系统需要处理的数据量很大，因此对性能提出了很高要求。例如，大型数据集加上复杂的搜索算法可能导致查询时间过长。另外，随着数据量的增加，传输给定数据集的时间可能会超过其实际数据处理持续时间，这对带宽也提出了很高要求。

9.2　机器学习

机器学习系统依靠强大的机器学习技术进行复杂的数据分析和预测，数据处理可快速完成，且通常可以立即产生结果。

机器学习系统进一步能够从历史训练数据及其数据分析结果中"学习"，从而提高数据智能的质量。这使得组织可在更短的时间内获得更大的数据智能价值（见图 9.6）。

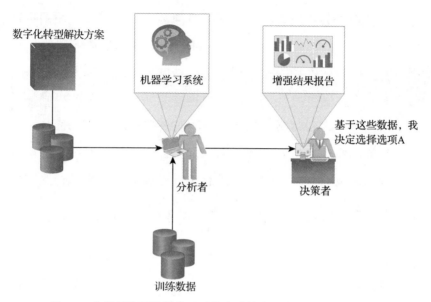

图 9.6   分析师使用机器学习系统为决策者生成增强的结果报告

9.2.1   模型训练

机器学习系统的自学习是通过使用智能程序（称为算法）实现的，这些程序有助于构建不同机器学习方法（称为模型）的逻辑。

一旦分析师确定了某个问题的分析需求，就需要选择相应的算法和模型。算法用于将模型与分析相关的历史训练数据相结合，通过多次迭代，使模型了解数据的本质，从而优化数据来解决问题。当模型经过充分训练后，可以将其部署并使用新数据作为输入来解决问题（见图 9.7）。此后，可以定期对模型进行再训练以持续改进。

使用机器学习可以执行许多类型的分析。与构建以客户为中心的解决方案尤为相关的分析类型是分析和预测客户行为。这是通过审查和分析已获取的客户历史数据来实现的。

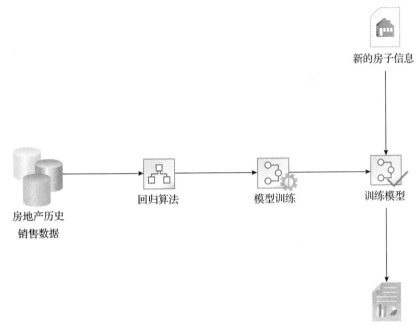

新的房子信息

回归算法   模型训练   训练模型

房地产历史
销售数据

房屋的预测价值或标价

图 9.7   房地产中介使用历史销售数据和训练模型来确定将要上市销售的新房屋的推
荐价值或挂牌价

一个经典的例子是在线零售商首先根据客户的购买历史和其他因素来展示他们最可能感兴趣的产品，从而为特定客户定制购物体验（见图 9.8）。

提示：选择最合适的算法与客户独特需求相匹配，是使用机器学习时的关键成功因素。

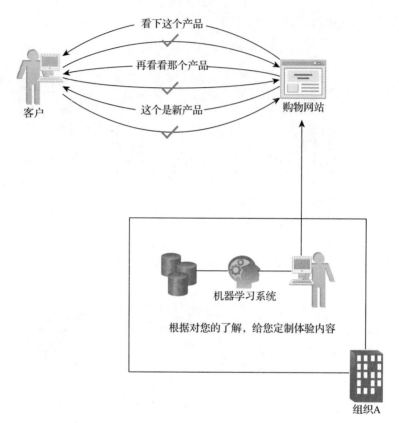

图 9.8　使用机器学习系统来定制显示的产品信息，以提高客户的购物体验

9.2.2　机器学习实践

机器学习系统可以通过分析多种因素来预测客户行为，包括：

- 客户先前做出的决定
- 客户的地理活动
- 与客户个人资料相关的统计数据
- 客户过去的行为

通过分析历史数据、客户个人资料数据以及客户的其他数据，机器学习系统可以预测客户在新情况下表现某种行为或具有某些兴趣的概率。例如，在图 9.9 中，客户请求个性化旅行行程，组织 A 在几分钟内生成行程。完成旅行后，客户评论（可能带有评级）和反馈。机器学习系统从反馈中学习，并试图提高下一个行程的质量。反馈还用于为其他类型的分析和为其他客户提供支持。

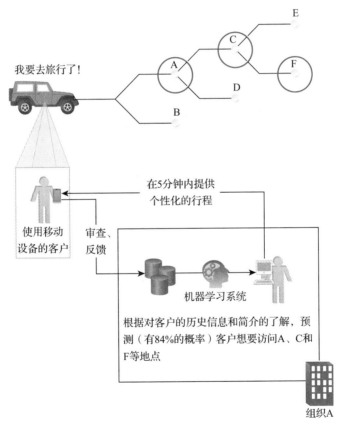

图 9.9　机器学习系统可以预测客户在新情况下表现某种行为或具有某些兴趣的概率

根据数字化转型解决方案的不同，还可以利用其他分析实践，例如，可用于改善组织内部运营的数据智能的技术。在图9.10中，当客户向金融机构申请信贷时，金融机构利用数据智能技术分析客户的历史在线交易数据以及信用记录数据。这些数据用于评估风险，有助于确定批准还是拒绝申请。对于那些被批准的申请人，这些数据可能进一步用于确定可以提供的信贷额度。

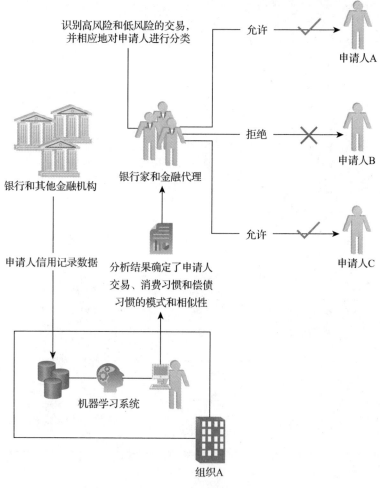

图9.10　改善组织内部运营的数据智能技术举例

9.2.3 常见风险和挑战

- 数据量要求。为了使机器学习工具产生有效结果，需要一定量的数据来训练模型并测试算法的准确性。因此，当使用的训练数据量不足时，系统无法识别数据中所有可能的模式和关系，这导致预测或分类结果不佳或不准确。
- 数据隐私限制。一些组织可能在内部和监管数据隐私要求方面遇到困难，这限制了可用的训练数据量，以及机器学习的有效性，因为工具可能无法正确训练模型。
- 学习曲线。机器学习系统使用先进的算法。有多种不同来源和不同时间开发的不同类型的算法可供选择，有效地选择适用于特定业务问题的算法是具有挑战性的。
- 质量保证。质量保证专业人员在测试机器学习系统时通常会遇到困难，因为传统的做法通常不适用。特别是评估数据的质量和相关性需要专业知识并具有挑战性。

> 注意：如果用于模型训练的数据中存在未察觉的缺陷，那么机器学习系统会产生长时间未被察觉的带有缺陷的数据智能。

9.3 人工智能

当人类试图解决问题或做出决策时，人脑会搜索存储的信息，学习相关记忆，为问题解决或决策过程提供依据。这个概念被称为控制回路，是人工智能的主要灵感来源（见图 9.11）。

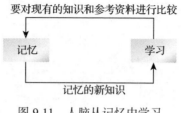

图 9.11　人脑从记忆中学习

人工智能（AI）是致力于使计算机模拟人脑功能的研究领域，包括学习、推理和解决问题的能力。

与机器学习类似，人工智能系统使用算法将模型暴露于与分析目标相关的历史训练数据。与机器学习不同的是，人工智能系统通常使用神经网络作为它们的模型。

9.3.1　神经网络

神经网络由函数和不同类型的神经元组成（见图 9.12）。连接多个人工神经元可形成一个神经网络，能够从输入数据中学习、执行和处理复杂的任务（见图 9.13）。在不同类型的神经网络架构中，隐藏层的数量和隐藏层中的神经元数量通常是不同的，这取决于信息处理要求的复杂性。

使用神经网络，人工智能系统可以：

- 辨识规则、模式、共同点并形成预测。
- 推理并得出逻辑结果。
- 对数据进行分类和提取。
- 为决策提供依据。

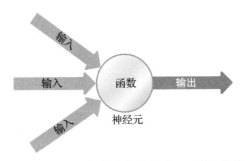

图 9.12　神经元接收输入数据，根据其功能进行处理，然后将数据输出到所有与该
　　　　　神经元连接的其他神经元

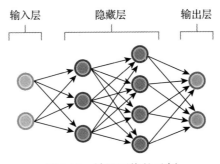

图 9.13　神经网络的示例

9.3.2　自主决策

人工智能系统还具有自主决策的能力。除了能够从分析结果中学习，人工智能系统还可以从其决策的结果中学习，以帮助改进决策方式（见图 9.14）。

在以客户为中心的解决方案中发挥作用，自主决策既可以提高组织运营的效率，也可以增强对客户的响应能力。在图 9.15 中，自动驾驶汽车配备了物联网传感器，自动驾驶汽车厂商利用人工智能系统，根据客户的个人资料、历史数据等预测客户感兴趣的驾驶目的

地，然后根据客户实际前往的目的地，再进行自主学习和决策，以改
进分析结果。

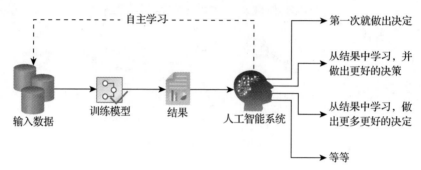

图 9.14　人工智能系统可以重复查找和分析先前输入的数据，以从先前的结果中学
　　　　　习，从而改进未来的结果

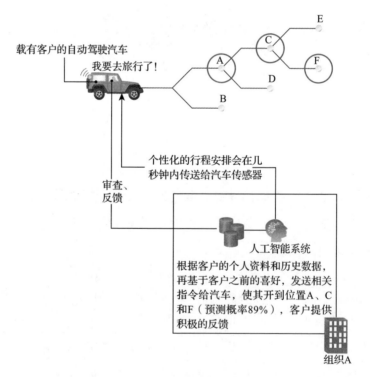

图 9.15　自主决策举例

9.3.3　人工智能实践

人工智能系统可实现以客户为中心，包括：

- 复杂分析。对大型、多样化的数据集应用复杂信息处理，以深入了解客户个人资料、喜好和情感，从而获得深入的业务洞察。
- 图形识别。识别手写、面部和图像中的物体，并跟踪在动态视频中识别的物体，以改进需要此类功能的以客户为中心的解决方案，并进一步改进实时客户交互。
- 语言和情感分析。以人类语言（包括情感和情感内容）识别、解释和回应，以促进热情的客户交互。

人工智能系统可以生成（实时或准实时）预测和分析结果，为人工决策和自动智能决策提供支持（见图 9.16）。

提示：在某些情况下，人工智能系统完全集成到以客户为中心的自动化解决方案中。例如，客户与另一个人交互可能导致摩擦，但如果客户直接与人工智能系统交互，则可以避免这种情况。再例如，在需要快速获取信息的情况下，人工处理需要较长的时间，这导致客户满意度较低，而人工智能系统能够立即提供请求的信息，从而提升客户满意度。这被称为无摩擦集成。

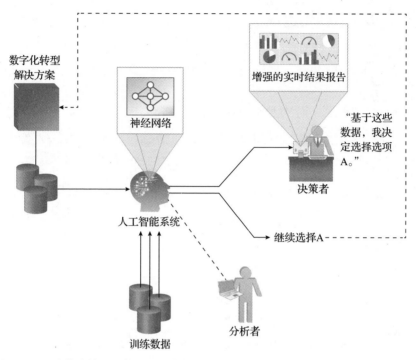

图 9.16　一个带有神经网络的人工智能系统为人类决策者产生了增强的实时结果报
　　　　告，同时利用这些结果进行自动化决策

9.3.4　常见风险和挑战

- 学习曲线和难以理解的决策制定。人工智能系统无论是在设计
上还是在处理其创建的数据智能方面都是非常复杂的。例如，
数据分析师可能并不总是完全理解或能够证明人工智能系统所
做的决策。这可能是因为负责实施和使用人工智能系统的人员
对系统使用的基础算法和逻辑没有足够深入的理解。这也可能
是因为人工智能系统使用了错误的数据或未正确设计或配置。
重要的是，与人工智能系统合作的分析师和其他人员必须对其

内部运作有足够深入的了解，以确认人工智能系统所做的决策
是正确且合理的。

- 人类的不信任。在一些行业中，人工智能被视为一种导致增加
失业率的技术。这是因为人工智能系统有可能取代人类决策者
以及其他工作人员（例如与 RPA 相结合进行智能自动化）。人
工智能系统还可以设计成模仿人类行为，这可能导致取代人类
工作的其他机会。虽然人工智能系统可以实现许多人工任务的
智能自动化，但也会带来创新产品和新技术，从而促使企业增
长并创造新的就业机会。无论如何，人们对人工智能系统取代
人类的担忧可能会导致在采用人工智能技术时的犹豫和抵制。

- 数据存储和访问限制。为了保持响应性和适应性，人工智能系
统需要持续不断地提供大量数据来持续处理任务。提供这样大
量的数据存在挑战，特别是在依赖基于云环境进行数据存储和
处理时。数据隐私政策和相关法规可能会使利用云环境或首选
数据中心变得困难或不可能，这会导致丧失利用廉价基础设施
进行存储和高性能计算的优势。在其他情况下，可能所需数据
的数量达不到要求，或者可用数据的质量不达标。

- 质量保证。当无法预先确定或预测人工智能系统的输出和整体
行为时，对其进行质量保证实践可能具有挑战性。自学习逻辑
可能导致新结果，这可能是人工智能系统的所有者未曾预料到
的。此外，人工智能系统可能超出初始功能范围之外进行自主
学习。这意味着人工智能系统可能像人一样自主扩展其知识。
人工智能系统的这些特征使其难以从质量保证的角度进行评估
和衡量。

9.4　数字化转型关键技术总结

数字化转型的驱动因素都可以进一步与一个或多个具体技术进行映射。了解各个技术与数字化转型之间的关系，可以使 IT 部门确定哪些技术对实现其业务目标是至关重要的。

第 8 章和第 9 章阐述的数字化转型关键技术有：

- 云计算。
- 区块链。
- 物联网（IoT）。
- 机器人流程自动化（RPA）。
- 大数据分析和预测。
- 机器学习。
- 人工智能（AI）。

第 11 章提供了一个详细的、逐步的场景，演示了所有这些技术在数字化转型解决方案中的作用。

图 9.17 中给出了这些关键技术的图标，从左到右：云计算、区块链、物联网（IoT）、机器人流程自动化（RPA）、大数据分析和预测、机器学习和人工智能（AI）。

图 9.17　数字化转型关键技术图标

前面描述的技术驱动因素与这些技术的关联如表 9.1 所示。

表 9.1　驱动因素与数字化转型关键技术的关联

驱动因素	关键技术
增强和多样化的数据获取	大数据分析与预测、物联网、RPA
当代数据科学	大数据分析与预测、机器学习、人工智能
复杂自动化技术	RPA
自主决策	人工智能
集中化、可扩展、可靠的 IT 资源	云计算
不可变数据存储	区块链
无处不在的多体验访问	云计算

数字化转型解决方案的构建取决于那些与数字化转型密切相关的技术创新。以下技术和实践对于构建可靠和高性能的数字化转型解决方案也是重要甚至至关重要的，包括：

- 用户界面 / 用户体验设计。
- 网络安全。
- DevOps。
- 微服务。
- 容器化。
- 服务 API 设计与管理。
- 面向服务的架构（SOA）。

第四部分

第 10 章 | Chapter 10

理解数字化转型解决方案

　　数字化转型解决方案应具有强大、响应迅速、适应变化和高度数据驱动的特点。每个解决方案可以由不同组合的数字化转型技术构建而成，我们首先了解一些基本的解决方案组成部分和功能。

10.1　分布式解决方案设计基础

数字化转型解决方案是负责自动化和 / 或为一个或多个相关业务任务提供数据智能的应用程序，需要持续访问一组数据存储库，最常见的是数据库（见图 10.1）。每个数据库提供与数字化转型解决方案需要的不同类型的数据。

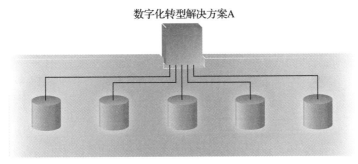

图 10.1　访问多个数据库的单个数字化转型解决方案

虽然单个数字化转型解决方案通常需要一些专用的数据库，但也会共享对公共数据库的访问权限。一个组织通常会构建多个共享 IT 基础设施资源和基础数据库的数字化转型解决方案（见图 10.2）。

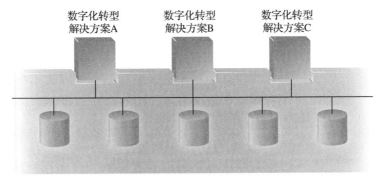

图 10.2　多个数字化转型解决方案共存于一个更大的平台

每个数字化转型解决方案通常被设计为分布式应用程序，其中解决方案逻辑分散在一系列软件程序中，最常见的形式是构建为服务。在图10.3中给定的数字化转型解决方案中，应用程序逻辑可以分布在多个被称为服务的单个软件程序中。

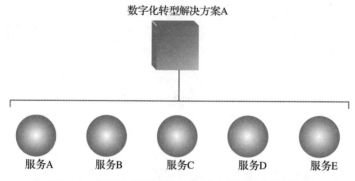

图 10.3　数字化转型解决方案的应用程序逻辑分布

服务建立了数字化转型解决方案的逻辑层，而数据库则建立了数据层。图10.4中的服务包括逻辑层，数据库包括数据层。给定的数字化转型解决方案除了有专用的服务和数据库外，还包括其他解决方案共享的服务和数据库。

服务具有应用程序编程接口（API）。API主要具有以下功能：

- 启用通信。
- 启用数据交换。
- 建立通信和数据交换的规则和要求。

因为数字化转型解决方案通常是由服务组成的分布式应用程序，所以包含服务API。服务API具有服务功能（见图10.5），这使得其他服务和其他软件程序能够发出要求该服务执行功能的请求。例如，在此场景中，服务 A 充当一个消费者程序，它调用服务 D 的功能 A。

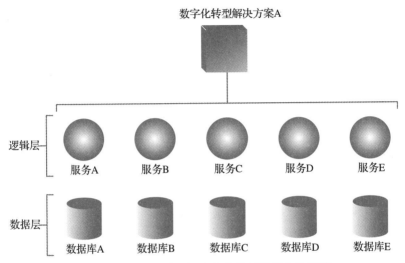

图 10.4　数字化转型解决方案的逻辑层和数据层

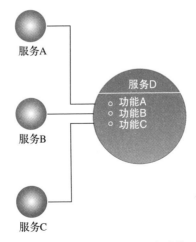

图 10.5　每个服务都公开了一个由服务功能组成的 API

服务 API 充当端点，允许数字化转型解决方案内的不同服务和软

件程序相互通信，同时也允许外部软件程序与解决方案本身进行通信
（见图 10.6）。图 10.6 强调如何通过订单服务 API 作为数字化转型解
决方案 A 的外部端点来支持它。

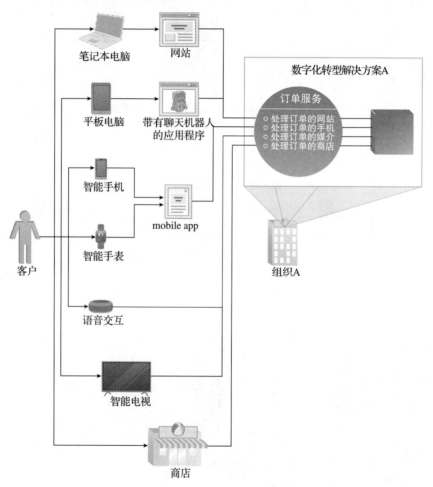

图 10.6　回顾了第 3 章中无处不在的多体验访问场景

提示：简而言之，数字化转型解决方案包括由 API 访问的
服务组成的逻辑层，以及主要由数据库组成的数据层。

10.2　数据输入基础

在数字化转型的背景下，数据输入是将数据引入组织的行为。与数据输入相反的是数据流出，即将数据从组织中取出的行为。

在构建数字化转型解决方案时，重点关注如何以及从何处获取所需的大量数据并输入组织。

在进行数据输入时，可能涉及许多底层技术（如传输、消息传递和安全技术）。本节的目的不是介绍这些底层技术，而是只强调用于数据输入的以下机制。

- 文件拉取。
- 文件推送。
- API 拉取。
- API 推送。
- 数据流传输。

外部数据提供商可以将新数据推送到组织，或者组织可以主动从中获取数据。使用的数据输入方法取决于数据的性质、组织对数据的需求频率以及与数据提供商的关系类型。

10.2.1　文件拉取

使用文件拉取方法，组织从远程（通常是安全的）位置检索文件（见图 10.7）。常见的例子是使用 FTP 或共享的基于云的文件夹。系

统可以定期拉取放置在该位置的任何新文件。文件拉取系统在第三方
数据提供商中很常见，特别是来自政府机构的公共数据源。

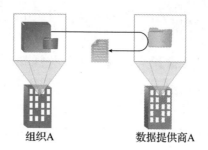

图 10.7   组织 A 执行的文件提取，检索数据提供商 A 放置在共享文件夹中的新文件

10.2.2   文件推送

当第三方数据提供商主动将数据文件放置在预定位置供接收组织
使用时（见图 10.8），就会进行文件推送。这种方法适用于组织与数
据提供商之间存在订阅关系，以及在私营社区中，社区成员之间已建
立了预先安排的数据共享系统。

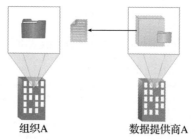

图 10.8   文件推送由数据提供商 A 发起，并将新文件放入属于组织 A 的指定文件夹中

与文件拉取模型不同，文件推送模型通常将责任置于数据提供
商，使其将新文件发送给预期接收方。这意味着需要事先与所有接收

方进行文件传输安排（包括任何必要的安全安排）。对于文件传输意外失败的情况，数据提供商可能涉及一个排队系统，定期自动重试文件传输。

10.2.3　API拉取

当组织需要定期从数据提供商获取按需数据时，与直接拉取文件或被推送文件相比，直接与数据提供商进行对接更加高效、安全和可靠。这通过使用 API 来实现，组织拥有一个消费者程序（例如一个服务），该程序被设计用于与提供商程序（也可以是一个服务）建立连接。在这种情况下，由数据提供商提供的程序具有一个 API，消费者程序可以调用该 API 的功能来获取数据（见图 10.9）。在这种交换方式中，实际的数据通常被打包在消息中，可以进行安全保护并附带额外的元数据。

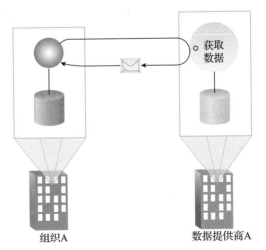

图 10.9　组织 A 的服务调用数据提供商 A 的服务的"获取数据"功能，按需检索所需的数据

　　当组织与合作伙伴组织建立密切（B2B）关系或与第三方数据供应商进行订阅时，API 拉取方法很常见。

10.2.4　API 推送

　　与 API 拉取相反，API 推送是指数据提供商通过调用接收组织的程序的 API 来启动数据传输（见图 10.10）。负责传输数据的数据提供商的程序可以利用消息队列来定期重试数据传输。类似于文件推送模型，API 推送方法将与任何指定的接收组织共享新数据的责任置于数据提供商。

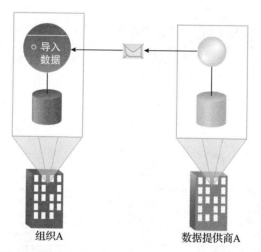

图 10.10　数据提供商 A 的服务从组织 A 调用服务 API 的"导入数据"功能，以便为其提供新的数据

10.2.5　数据流传输

　　当数据提供商能够频繁地提供或生成新数据，并且组织需要频

繁获取新数据时，之前提到的任何数据接收模型可能都不足以满足需求。通过数据流传输的方法，建立了数据提供商和接收组织之间的连接，以实现从提供商到组织的连续数据流传输（见图 10.11）。

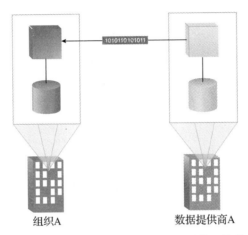

图 10.11　组织 A 和数据提供商 A 设置了一个数据流系统，使数据提供商 A 能够连续地将数据流传输到组织 A

　　这种方法与 API 推送方法在建立连接的持续时间上有所不同。当调用 API 时，只会建立足够长的连接以检索所请求的数据（通常只有几毫秒），然后连接将在下一次请求之前终止。而在数据流传输中，会建立一个连接时间更长的持久性连接（甚至可能是无限的），直到显式地终止连接。使用专门的数据流传输程序能可靠地管理数据流传输，并分配足够的带宽。

　　数据流传输（当数据的来源与事件相关时，也称为事件流传输）在需要从物联网系统获取遥测数据流时非常常见。如果某个组织可以提供有价值的第三方数据流，该组织也可以与外部数据提供商建立数据流传输关系。

注释：值得注意的是，不同来源的数据可能存在不同的格式，例如：

- 结构化数据。这是符合数据模型或架构的数据。它通常以表格形式存在，并且可以是关系型的，也就是说，一个表中的数据可以与另一个表中的数据存在关联。这类数据通常存储在关系型数据库中。

- 非结构化数据。当数据以不一致或非关系型格式存在时，被视为非结构化数据。这种类型的数据可以是文本或二进制的。例如，使用文字处理软件创建的文档，以及图像、音频和视频文件。非结构化数据可以存储在特殊的存储库中，例如 NoSQL 数据库。

- 半结构化数据。当一组数据具有定义的结构但不是关系型时，被视为半结构化数据。半结构化数据通常以文本格式存在。XML 和 JSON 文件是常见的例子，还有电子邮件和电子表格中的数据。

剖析以客户为中心的解决方案

让我们来看看里面。

在这章中，我们将以客户为中心展开一次旅程，并深入探讨数字化转型解决方案的每一个步骤。我们将看到解决方案如何利用数据智能来改善客户旅程，同时不断获取新数据以增强现有的数据智能。

- 展示以客户为中心的实践。
- 指出数字化转型技术在哪些方面可以用于改善客户旅程。
- 强调客户为中心的实践和数字化转型技术如何实现战略业务目标。

本章以一家汽车制造公司及其汽车购买业务流程为例，描述了数字化转型之前的工作流程，以及公司将其作为数字化转型基础的业务流程。

在描述新的以客户为中心的业务流程及其自动化解决方案之前，提供了关键术语总结。这些术语与第6至第11章涵盖的重要主题相关。

接下来，本章将逐步深入探索汽车购买客户旅程，每一步都对应了本书中的数字化转型关键技术。

11.1 术语回顾

前文涵盖了与数字化转型和以客户为中心相关的一系列主题。本节对这些章节中的术语进行总结。

关键术语在表 11.1 到表 11.4 中进行了整理，以帮助识别它们与即将介绍的数字化转型解决方案和相关客户旅程的关联性。

表 11.1 以客户为中心的行为描述和分类

客户行为类型	客户温暖类型	客户交互渠道类型
交易价值行为	沟通温暖度	单渠道
关系价值行为	主动温暖度	多渠道
面向客户行为	有回报的温暖度	全渠道
以客户为导向的行为	超越温暖度	—

表 11.2　数据智能定义和分类数据源，以及如何获取和使用数据

数据来源	数据获取方法	数据利用类型
运营数据	手动数据录入	分析和报告
客户数据	自动化数据录入	解决方案输入
社交媒体数据	遥测数据捕获	自动化决策
公共数据	数字化	机器人驱动的自动化
私营数据	数据输入	模型训练和再训练
保存历史记录	—	—

表 11.3　智能决策的决策类型以及自动化决策类型

决策类型	智能自动化决策类型
人工决策	直接驱动的自动化决策
条件自动化决策	周期性自动化决策
智能人工决策	实时自动化决策
智能自动化决策	—

表 11.4　数字化转型解决方案数据纳入组织的方法

数据输入类型
文件拉取
文件推送
API 拉取
API 推送
数据流传输

11.2　场景背景

　　一家汽车制造公司正在进行全面的组织数字化转型。其中一个主要目标是改进其现有的汽车购买业务流程的不足，并制定相应的改进措施。

11.2.1 业务挑战

这家汽车制造公司积累了大量信息，表明汽车购买过程存在不足，并且客户体验也存在问题。

这些问题包括：

- 销售转化率低于行业平均水平。
- 客户满意度调查中提交的反馈普遍较差。
- 经销商销售人员的反馈表明他们没有得到足够的信息或工具来提高汽车销量和客户满意度。
- 汽车服务率低于平均水平，再购买率也较低。

接下来首先简要概述原始的汽车购买业务流程。

11.2.2 原始的客户旅程

汽车购买业务流程最初是以产品为中心的，经销商只执行与销售汽车和向客户提供订购的汽车相关的最必要业务。

图 11.1 说明了业务流程中的主要步骤。图 11.1 中的数字与图 11.2 中所示的工作流程中的数字相对应。未显示的是第⑥步，如果客户不继续购买新车，将会出现该步骤。

以下简要解释了各个步骤：

①客户访问经销商。客户到汽车经销商浏览可出售的汽车。

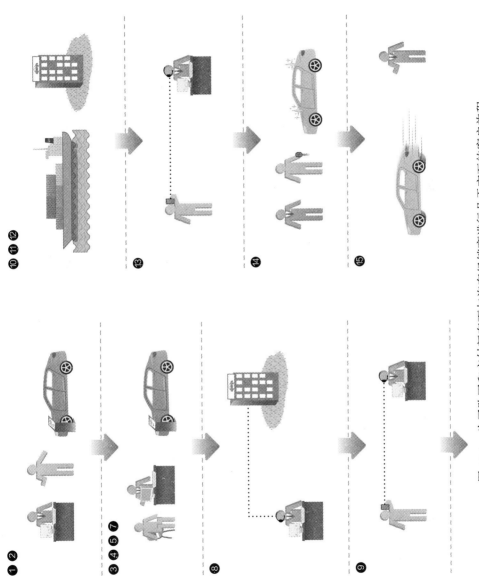

图 11.1 为了购买和交付新车而与汽车经销商进行几天交互的客户旅程

②客户咨询。客户向销售人员询问感兴趣的汽车。从历史上看，客户在从销售人员那里获取更多有关汽车信息后，进一步考虑购买该汽车的概率低于平均水平。

③向客户展示选项。如果客户确实想了解更多有关汽车的信息，销售人员向客户展示该车型的可用选项和配置。

④向客户展示价格。根据客户选择的选项，销售人员向客户展示汽车的价格，并告知客户将在 4 ～ 6 周内交付。

⑤客户下订单？

⑥客户离开。如果客户没有为新车下订单，客户离开。

⑦处理订单。如果客户为汽车下订单，销售人员处理订单。

⑧确认交付时间。几周后，销售人员向汽车制造商了解汽车还需多长时间才能交付。

⑨联系客户。销售人员打电话通知客户汽车到货时间。

⑩生产计划变更？

⑪ 经销商通知客户。如果汽车制造商的生产调度更改导致汽车交付日期变更，销售人员通过电话告知客户。

⑫ 制造商发货。当汽车准备好时，制造商将其发运到经销商。

⑬ 经销商通知客户。汽车到货后，销售人员通过电话通知客户。

⑭ 汽车到达经销商处。客户从经销商提取新车。

⑮ 客户提车。客户驾驶新车离开。

图 11.2 展示了这些步骤的工作流程。

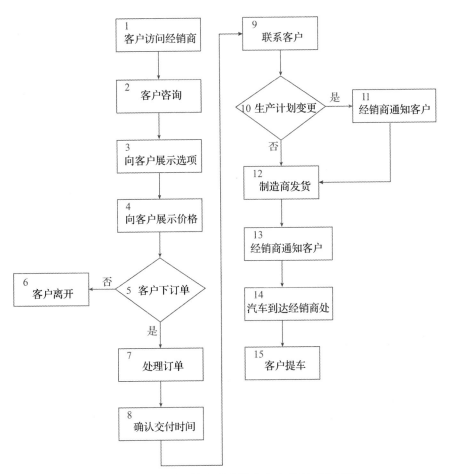

图 11.2 说明前面描述的步骤的客户旅程工作流程

11.2.3 业务目标

这家汽车制造公司确定了以下与汽车购买业务流程相关的具体业务目标:

- 提高客户满意度。

- 提高客户参与度。

- 提高客户服务效率。

- 增加回头客。

另一个目标是将汽车购买业务流程与一个独立的、不太正式的流程合并，该流程用于销售道路救援计划。

最初，汽车销售后，经销商会在一两周后联系客户，以促销折扣的方式提供道路救援计划。该计划的销售率较低，只有 10 名客户中的 1 名购买了该计划。因此，该公司希望利用数字化转型将这两个产品（汽车和计划）的业务流程合并为一个单一的业务流程。

11.3　提升客户旅程

为了实现前文描述的业务目标，制定了一个新的、扩展的业务流程，引入了以下改进措施。

- 客户为中心的方法，鼓励与客户建立长期的互惠关系。

- 一个整合的工作流程，包括了汽车和道路救援计划的购买过程。

- 使用数字化转型智能技术来优化业务流程并提升其能力。

- 使用数字化转型数据科学技术来增加数据智能的数量和提高其质量，以最大程度地提高业务流程成功的概率。

- 谨慎利用智能化决策，以提高客户旅程的效率，同时避免引入不合理的风险。

- 一个结构化的工作流程，旨在获取有意义的客户数据智能，无论产品购买是否成功。

本章的大部分内容将详细介绍如何提升客户旅程。在探索这个新的业务流程之前，首先对支持数据来源进行简要说明。

- 客户数据。客户与经销商在整个客户旅程中交互的增加使客户数据智能得到积累，既用于支持客户体验，也用于为数据科学系统获取的客户数据池提供支持，以改善其他业务流程并满足其未来的学习、分析、报告和决策需求。
- 运营数据（来自客户）。除了获取有关客户的数据外，客户与经销商的交互还产生与产品、交易和其他业务活动相关的新运营数据。这些数据用于完成汽车购买业务流程中的业务任务，并作为输入基础提供给数据科学系统，以供未来学习、分析、报告和决策。
- 运营数据（来自遥测流）。业务流程中的供应步骤会产生由数据流和遥测数据捕获的交付路线信息组成的运营数据。这些数据作为改善客户在客户旅程中的参与度的手段与客户共享。数据也被存储并提供给数据科学系统，作为未来学习、分析、报告和决策的输入。
- 社交媒体数据。汽车制造商与社交媒体网站保持持续订阅，通过 API 拉取消息每周获取数据集。收到的数据经过预过滤，并限制车型发布的评论。这些数据作为未来学习、分析、报告和决策的输入提供给数据科学系统。
- 公共数据。汽车制造商定期进行文件拉取，检索由当地交通部门发布的最新统计数据。这些数据主要包括交通、燃油消耗和污染统计数据，作为未来学习、分析、报告和决策的输入提供给数据科学系统。

- 私营数据。按需利用 RPA 机器人从本地商业社区的竞争对手获取数据。这些数据作可生成吸引人的产品价格，并且也被存储作为历史参考数据。

图 11.3 展示了这些数据来源，并进一步显示了汽车制造商当前的数据输入渠道。大数据分析与预测、机器学习和人工智能系统被用来处理这些数据，以创建和改进持续的数据智能。

11.4　扩展业务流程

图 11.4 展示了提升客户旅程的工作流程，接下来将对工作流中所示步骤进行详细描述。

第①步：客户访问经销商

客户访问汽车经销商，浏览可供销售的汽车（见图 11.5）。

客户到访经销商期间，销售人员（见图 11.6）是整个客户旅程中的联系人。

第②步：客户咨询

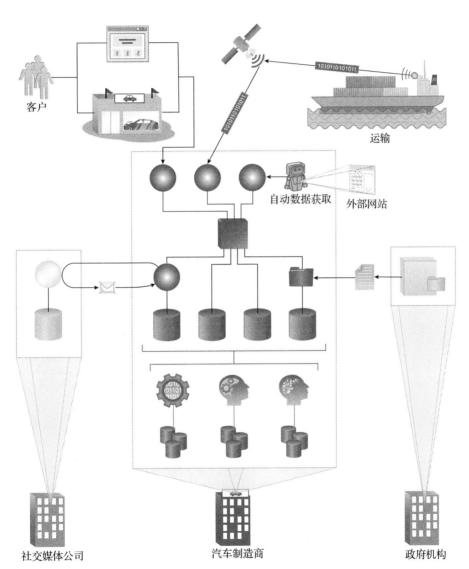

客户

运输

自动数据获取　外部网站

社交媒体公司　　　　　汽车制造商　　　　　政府机构

图 11.3　汽车制造商接收来自不同第三方数据源的数据，以及内部生成的数据

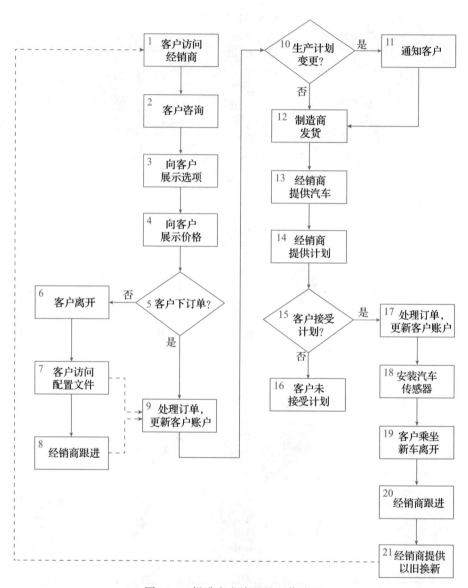

图 11.4 提升客户旅程的工作流程

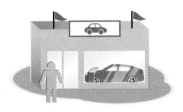

图 11.5　客户旅程从客户亲自到访一家汽车经销商开始

图 11.6　在整个客户旅程中，销售人员将使用一个连接到数字化转换解决方案的工
　　　　作站来完成汽车采购过程的一部分业务任务

客户通过与销售人员交谈来咨询感兴趣的汽车。销售人员在工作站上打开一个仪表板，其中包含有关特定车型的各种实时运营数据，例如：

- 不同地理位置的库存水平。
- 类似车型的历史销售统计数据（来自制造商和 / 或竞争对手）。
- 以往购车者的常见个人资料信息。
- 年度维修数量、安全评级和能耗的统计数据。

销售人员甚至可以访问和分享已往购车者或第三方评论者提供的社交媒体和网络评论。

通过仪表板显示的信息，销售人员能够提供丰富的关于特定车型的有见地的信息，超出了客户的预期。销售人员展示了服务热情，这给客户留下深刻印象并引起他们的兴趣，增加了客户考虑购买该车的可能性（见图 11.7）。

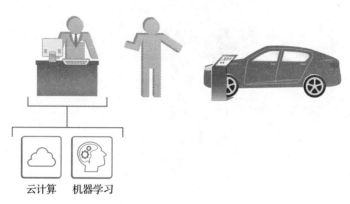

云计算　机器学习

图 11.7　为了让销售人员能够即时访问与客户查询相关的详细和深刻的数据，在后端使用了云计算和机器学习技术

销售人员还可以立即查看特定车型的生产计划，同时查看当前库存水平。如果库存稀缺或没有进一步的生产计划（例如，当该车型将被另一款车型替代时），销售人员可以告知客户该车可能难以获得，并利用其他运营数据保持客户的参与度，提供关于备选车型的建议和详细信息。

仪表板与数字化转型解决方案进行交互，该解决方案包括云托管服务和机器学习系统，生成关于讨论车型的各种数据的动态报告。这些数据根据需求呈现给销售人员的工作站仪表板（见图 11.8）。该请求调用基于云的汽车服务（①），该服务与组织的 IT 后端交互，包括一个机器学习系统，以按需检索最新请求的数据（②）。

第③步：向客户展示选项

客户与销售人员一同坐下来，了解有关该车型的定制选项。这些选项可以包括不同的个别特性和附加组件（如特殊轮毂、油漆颜色、音响系统等），以及提供捆绑特性和附加组件的套餐。

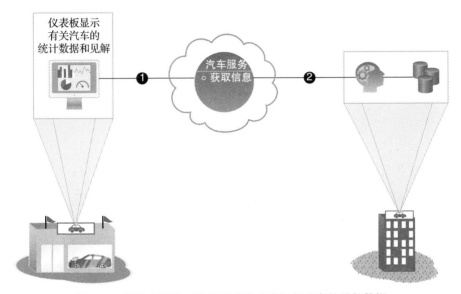

图 11.8　销售人员的工作站请求客户询问的汽车的最新数据

销售人员可以展示一组预定义的选项，提供更符合客户需求的定制功能和附加组件的套餐。

在这一步骤中（为经销商进行未来的关系价值行为奠定基础），销售人员首先尝试收集一些基本的客户数据，以更好地了解客户的兴趣和偏好，以及与汽车相关的情况，并在得到客户同意的情况下，在数字化转型解决方案中建立一个初步的客户个人资料账户。

使用客户个人资料数据作为输入，销售人员随后发出有关选项的请求（见图 11.9）。

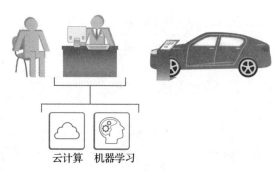

图 11.9　为了销售人员接收汽车的定制选项，后端使用云计算和机器学习技术

　　销售人员使用工作站进行客户数据的手动录入。工作站与包括云托管服务和机器学习系统在内的数字化转型解决方案进行通信，接收客户数据和关于汽车的运营数据。将这些数据作为输入，生成所请求的数据，然后在销售人员的工作站上显示（见图 11.10）。在图 11.10 中，销售人员的工作站首先收集相关的客户个人资料数据，然后调用"客户"服务（①），该服务访问组织的 IT 后端，在其中创建一个新的客户个人资料（如果之前不存在），用于记录新的客户数据（②）。然后，当销售人员发出对选项的请求时，工作站调用"汽车"服务（③），该服务与包含机器学习系统的 IT 后端进行交互（④），该系统考虑可用的客户数据和运营数据，生成所请求的分析和报告选项。解决方案还可以随后记录客户对呈现选项的兴趣程度（未显示），以帮助机器学习系统进行未来的学习和分析。

　　结果可能包括仅定制的选项，或是预定义选项和定制选项的组合。如果收到的客户个人资料数据不足，结果可能仅包含预定义选项。

注释：最终，在这一步中的决策者是客户。提供的选项使客户能够执行智能人工决策。

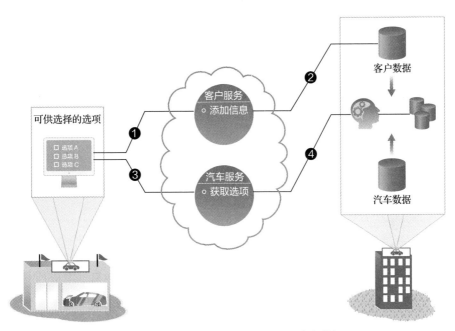

图 11.10　销售人员的工作站上显示请求数据

第④步：向客户展示价格

一旦客户选择了一个选项，销售人员就准备呈现价格。由于这是客户旅程中的一个关键步骤，需要多个后端技术协作来执行一系列以客户为导向的操作，从而确定并提议一个具有吸引力并且易被客户接受的价格。

销售人员首先询问客户更多信息，例如支付偏好（现金、融资、租赁等）、客户可提供的首付款金额等。这些客户数据也被添加到客户配置文件中。然后，销售人员发出价格请求。在图 11.11 中，根据迄今为止收集的客户配置文件数据和该特定车型的本地市场情况，销售人员希望向客户呈现最具吸引力的价格。为实现这一目标，后端使用了云计算、RPA 和人工智能技术。

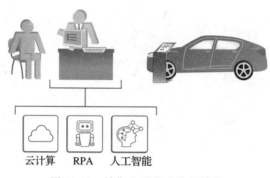

图 11.11　销售人员发出价格请求

　　销售人员使用工作站更新客户的个人资料，添加新收集的数据。在请求价格后，工作站与数字化转型解决方案进行通信，该解决方案利用 RPA、云计算以及人工智能技术，进行直接驱动的自动化决策，为客户生成量身定制的价格（见图 11.12）。在图 11.12 中，工作站调用了客户服务（①），该服务访问 IT 后端以更新客户个人资料记录（②）。当销售人员准备向客户呈现价格时，将价格请求提交给汽车服务（③），这会触发 IT 后端的一系列步骤（④）。首先，使用机器人驱动的自动化进行操作，其中 RPA 机器人通过在线搜索被访问的经销商所在地理区域内竞争对手的网站，自动收集数据。搜索的重点是显示价格和类似车型的促销信息。收集到的私营数据被提供给人工智能系统，在决定向客户呈现价格之前，人工智能系统还考虑了来自客户个人资料的客户数据以及标准车辆定价运营数据。这些输入数据范围足以使人工智能系统执行所需的直接驱动的自动化决策，以生成建议的价格。

　　确定这个价格时考虑的因素包括：

- 附近竞争经销商提供的可比车辆的当地市场价格信息（私营数据）。
- 车辆的标准定价（运营数据）。
- 收集到的关于客户支付偏好的额外信息（客户数据）。

每次请求价格时，数字化转型解决方案会实时考虑这些因素。这意味着呈现的价格可能随每个请求而变化，除非添加了额外的逻辑来限制在给定时间段内价格的波动范围。

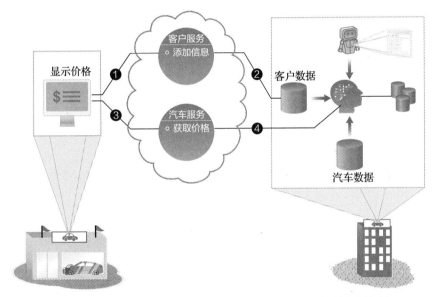

图 11.12　销售人员使用额外收集到的客户数据更新客户个人资料

第⑤步：客户下订单？

如果客户决定不下订单，则继续执行步骤⑥、⑦和⑧。

如果客户决定下订单，则继续执行步骤⑨。

第⑥步：客户离开

在查看价格后，客户决定不继续购买汽车。在客户离开之前，销售人员询问客户是否允许在其移动设备上安装一个移动应用程序。该应用程序将使客户能够保留基于到目前为止探索的功能和附加选项的汽车设计，并且还将使客户能够访问客户资料的部分内容。销售人员解释说，通过这个应用程序，客户将能够随时进一步尝试其他汽车设计选项。

销售人员继续保持沟通的热情，确保客户以平和的态度离开。客户离开后，销售人员更新客户资料，表示销售未能继续进行（见图11.13）。利用包括云计算在内的技术，这些信息被提供给人工智能系统进行学习。

图 11.13　客户未接受价格，客户离开

在确认客户不打算购买汽车后，销售人员将客户资料更新为与提议价格相关的"拒绝"状态。这将在数字化转型解决方案中记录，并且这些数据还可以用于模型重新训练，以改善人工智能系统在决定向客户提供价格时的未来决策能力（见图11.14）。在图11.14中，销售人员的工作站将更新的信息发送给客户服务（①），该服务将其传递到

IT 后端，然后进入客户数据库（②）。在下次导出待分析的客户数据时，人工智能系统会了解到客户拒绝了其决定提供的价格。这可以用于模型重新训练，以改善人工智能系统的整体定价逻辑，并作为与该客户最终跟进交互的起点。

人工智能系统将进一步使用这些输入来确定与客户跟进的最佳时间，即第⑦步。

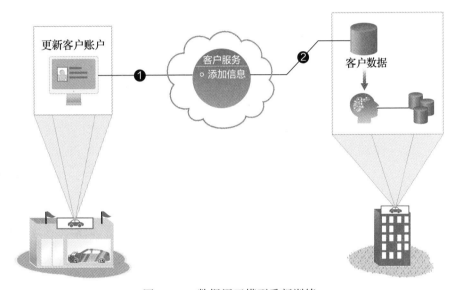

图 11.14　数据用于模型重新训练

第⑦步：客户访问配置文件

离开经销商后，客户可以使用移动应用程序访问在第⑥步中由销售人员最后设置的汽车设计。客户可以进一步探索不同的附加功能和特点，这将相应地显示不同的价格。这可能会导致客户返回经销商处继续下订单（见图 11.15）。这一步涉及云计算、机器学习和人工智能技术。

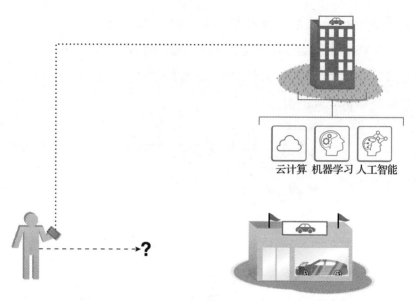

图 11.15 远程访问在线移动应用程序，允许客户继续参与汽车购买过程

　　客户使用移动应用程序访问客户个人资料和汽车设计（见图 11.16）。在图 11.16 中，当客户使用移动应用程序时，它调用客户服务（①），该服务访问后端以检索选择的客户数据和相关的汽车设计（②）。在更新汽车设计选项时，应用程序再次调用客户服务（③），将新的客户个人资料数据添加到后端（④）。更新后的客户数据也可供机器学习和人工智能系统使用，作为这些系统用于未来模型训练、分析和报告以及自主决策的新输入。移动应用程序仅显示一部分可用的客户数据。例如，该应用程序可能只提供访问联系信息，以便客户在更改时更新联系方式。

　　IT 后端记录客户在移动应用程序中的每个活动，包括客户尝试的不同汽车设计选项。数字化转型解决方案提供全渠道支持，使经销商能够在与客户的任何后续交互中获取客户最新的设计和偏好。

此外，客户使用移动应用程序的汽车设计选项的频率和程度可能
进一步影响人工智能系统在执行第⑧步时的决策方式。

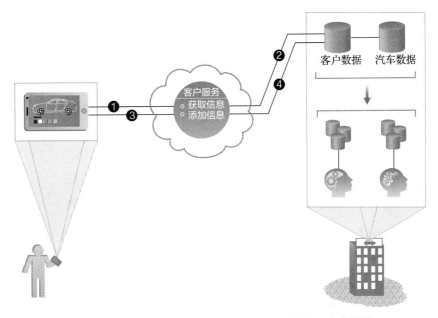

图 11.16　使用移动应用程序访问客户个人资料和汽车设计

第⑧步：经销商跟进

在接下来的几天里，汽车制造商定期以客户为导向查看是否能为
客户咨询的汽车提供更好的价格。

如果后端客户数据显示客户一直在使用移动应用程序探索汽车选
项，汽车制造商将了解客户的持续兴趣。当明确客户已确定了新的设
计选项时，重点将转向为该新选项找到一个有吸引力的价格。

一旦找到适合的价格，销售人员要采取主动的热情态度，与客户

联系，告知客户关于汽车的新价格（见图 11.17），或者根据客户表达的兴趣和偏好，提出其他选择。这一步涉及的技术包括云计算、RPA和人工智能。

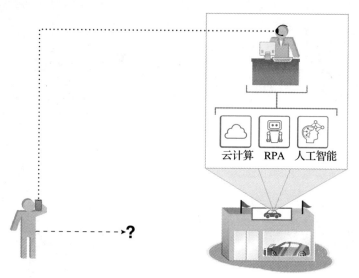

图 11.17　由人工智能系统驱动的，该组织的 IT 后端，决定产生一个新的、更具竞争力的价格

　　人工智能系统进行定期的自主决策，指示数字化转型解决方案通过 RPA 机器人执行新的网站搜索，并将搜索结果与其他输入数据一起进行处理。这个迭代过程会一直进行，直到人工智能系统确定条件适合生成一个新的、更有竞争力的价格，并将新价格告知客户（见图11.18）。在图 11.18 中，经过多次迭代，RPA 机器人搜索最新的竞争性定价信息，人工智能系统决定让销售人员联系客户并提出一个新的价格（①）。销售人员向客户传达新的价格，然后通过客户服务将客户的响应记录在客户资料中，更新后端的客户数据（②，③）。客户使用或正在使用移动应用程序的频率可能进一步影响人工智能系统决定何

时与客户沟通新价格。例如，如果客户正在积极尝试不同的设计选项，人工智能系统可能会等待，直到客户似乎已经选择了特定的选项。

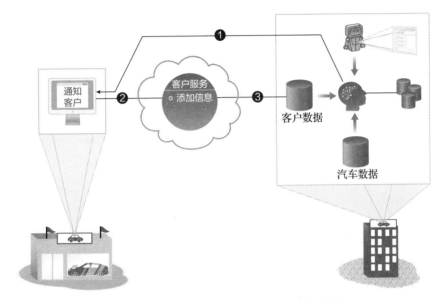

图 11.18　人工智能系统进行实时的自主决策

如果客户同意所提出的新价格，流程将继续到第⑨步。如果客户仍然不接受这个新价格，那么相应地更新客户资料，并且人工智能系统可能会进一步获取这些数据进行模型重新训练的目的。

第⑨步：处理订单，更新客户账户

在评估新价格后，客户决定继续购买汽车。销售人员收集所有必要的客户数据，以完成以下任务：

- 完成客户资料账户的设置。
- 收集付款信息。

- 处理汽车订单。
- 处理定金付款。

　　成功完成上述任务后，客户将获得新车的交付日期。销售人员指出交付日期可能会有所变动。客户被保证将会自动收到任何交付计划变动的通知，并且客户在汽车到达时也将立即收到通知（见图11.19）。然后客户离开，汽车制造流程开始进行。在后端，这涉及云计算、区块链、机器学习和人工智能技术。

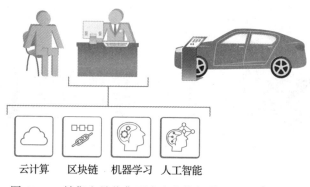

云计算　区块链　机器学习　人工智能

图 11.19　销售人员收集更多客户数据并处理新车的订单

注释：这些单独任务的执行方式可能会有所不同，这取决于客户是在支付现金还是在申请贷款，也取决于客户是购买或租赁汽车。其中一些选项将引入本节中未显示的其他步骤和任务。

　　销售人员使用工作站更新客户的个人资料，并提交所选的带有功能和附加选项的汽车订单。这将更新组织的 IT 后端存储的客户数据和订单数据（操作数据）。订单支付数据进一步存储在不可变的区块链存储库中，以支持未来的审计和保存历史记录的要求（见图

11.20）。在图 11.20 中，对客户数据的更新通过客户服务（①）进行，
该服务访问 IT 后端以更新客户个人资料记录（②）。然后，销售人员
处理客户选择的汽车型号的订单，包括任何选择的功能和附加选项。
这会调用订单服务（③），通过在 IT 后端注册订单来更新操作数据，
并进一步进行部分业务数据捕获，以便将选定的订单和支付数据冗余
存储在区块链存储库中（④）。新的客户和订单数据可供机器学习和
人工智能系统使用，作为这些系统未来模型训练、分析和报告以及自
动化决策的新输入。

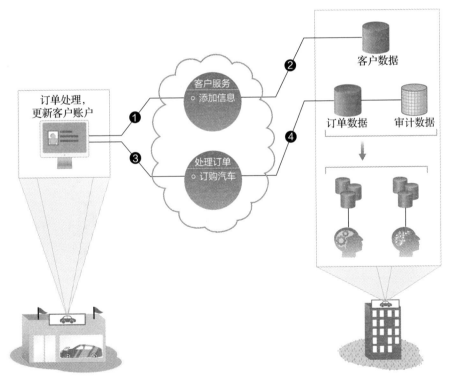

图 11.20　订单支付数据进一步存储在不可变的区块链存储库中

注释：提交新车订单将启动汽车制造商一个新的业务流程，该流程涉及组装、定制和交付新车所需的所有人工任务和自动化任务和物流。这些步骤不在本场景中涉及。工作流程的下一步跳到汽车正在制造的阶段。

第⑩步：生产计划变更？

如果汽车制造商需要更改汽车的交付日期，请执行第 ⑪ 步。

如果汽车制造商不需要更改汽车的交付日期，请执行第 ⑫ 步。

第 ⑪ 步：通知客户

汽车制造商需要更改原定的交付日期。汽车制造商通过在客户资料中更新新的预计交付日期，然后确定如何通知客户来更新客户数据（见图 11.21）。

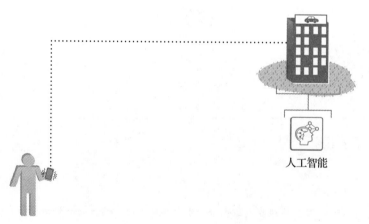

人工智能

图 11.21　根据后端人工智能系统的指示，可以通过文本或电子邮件通知客户交货计划表的变化

有几种可能的通知场景。后端的人工智能系统进行实时自动化决策，以确定如何、何时或是否通知客户有关交付日期变更的信息（见图 11.22）。

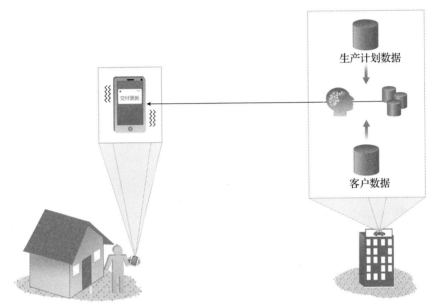

图 11.22   在生产计划数据发生变化后，人工智能系统确定最好通过短信通知客户

做这个决策时，它可能考虑了以下因素：

- 如果新的交付日期可能仍然可能进一步更改，它可能会推迟通知一段时间，直到完全确认。
- 如果交付日期的变更很小（例如几天），人工智能系统可能会决定通过简单的短信或电子邮件进行通知就足够了。
- 如果交付日期的变更很大（例如几周），人工智能系统可能会决定销售人员应该亲自致电客户，以友好的方式传达新的交付日期。

客户资料中可能还有其他数据，这些数据可能帮助人工智能系统制定更有针对性的方案。例如，如果客户在整个购车过程中曾经表达过不满，即使交付日期的变更很小，人工智能系统也告知销售人员需要亲自与客户联系，并以友好的方式（甚至可能是奖励性的友好方式）沟通。

第 ⑫ 步：制造商发货

在汽车组装完毕并准备就绪后，它被装载到货船上运往经销商。汽车制造商会在汽车上安装传感器，利用 GPS 可知该设备的位置信息。这样一来，汽车制造商可以始终确定汽车在运输过程中的位置。

为了增加等待交付订购车辆的客户在最后交付阶段的兴奋感，汽车制造商通过提供能够使客户（和经销商）在运输过程中可视化跟踪汽车位置的能力来展示超越温暖度（见图 11.23）。支持此功能的主要后端技术包括云计算和物联网（IoT）。机器学习和人工智能技术也参与了数据处理过程。

跟踪信息通过移动应用程序和网页应用程序提供。客户使用移动应用程序查询跟踪数据，并在打开应用程序时在地图上显示汽车的位置。销售人员通常使用网页应用从工作站查看汽车的位置（见图 11.24）。在图 11.24 中，当客户或销售人员打开应用程序时，它会调用追踪服务来请求汽车的当前位置（①）。追踪服务与组织的 IT 后端进行交互，返回最新的追踪信息（②）。汽车上的传感器通过遥测服务（③，④）进行遥测数据捕获，定期将其 GPS 坐标传给汽车制造商。使用数据流传输，追踪数据被传输并记录在后端，地理位置定期更新在汽车的订单记录中，客户检查位置的频率也作为客户个人资料中的一部分记录下来，这是一个更大的物联网系统的一部分。收集到的操作（追踪、订单）数据和客户数据都可供机器学习和人工智能系统用于未来的模型训练、分析和报告以及自主决策。

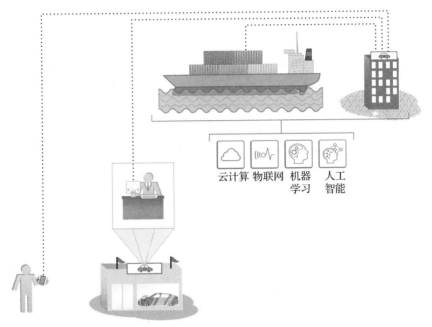

图 11.23　在汽车被运送到经销商的过程中，客户或销售人员可以查看汽车的位置

注释：这一步提供了一种全渠道体验，因为客户可以通过多种渠道获取汽车的位置信息。客户可以使用移动应用程序拨打销售人员的电话，或亲自访问汽车经销商，每个查询都可以作为客户个人资料中的一部分进行记录。然而，这并不是全渠道支持的典型示例，因为客户实际上并未通过询问汽车的运输位置进一步推进购车的整个任务。此外，客户主要依赖移动应用程序的使用。

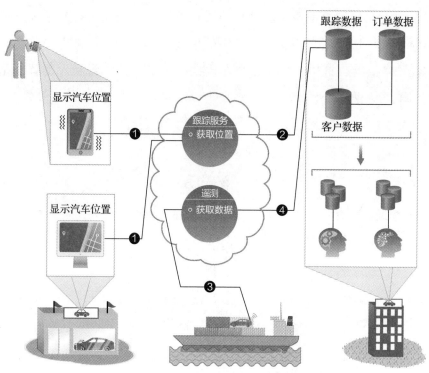

图 11.24　销售人员通常使用网页应用从工作站查看汽车的位置

第 ⑬ 步：经销商提供汽车

当汽车到达经销商处时，GPS 设备被移除，汽车经过专业清洁、洗涤和打蜡处理。经销商还会赠送一些礼品给客户，例如，钥匙链和带有汽车标志的帽子，向客户表示感谢。然后客户接管了汽车（见图 11.25）。

图 11.25　当客户到达时，销售人员向客户展示刚刚清洁过的汽车，并交付钥匙和一些礼品

第 ⑭ 步：经销商提供计划

在客户开走新车之前，销售人员向客户提供了一份免费的汽车监控和道路救援计划，即提供一定的奖励温暖度，为客户的汽车提供免费的监控和道路救援服务，为期一年（见图 11.26）。销售人员解释说将在汽车上安装传感器设备，定期将使用和位置信息传输回经销商和汽车制造商。

这是一项关系价值行为，帮助经销商及时了解汽车的维护需求，这也有助于汽车制造商在问题变成严重之前预先确定汽车的潜在问题。该计划还将提供免费的道路救援服务。

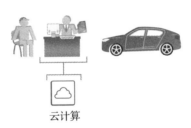

云计算

图 11.26　销售人员向客户提供免费的汽车监控和道路辅助计划，这涉及在后端使用云计算技术

当销售人员在线请求计划时，就会预先提供所有的客户数据和汽车信息（见图 11.27）。在图 11.27 中，销售人员使用工作站通过计划服务请求计划的最新版本。通过客户服务，将提供给客户的计划作为客户资料进一步记录为客户资料的一部分。

第 ⑮ 步：客户接受计划？

如果客户不接受计划，请继续进行第 ⑯ 步。

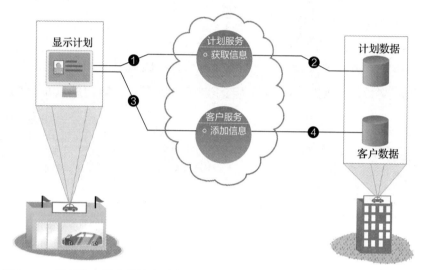

图 11.27　当销售人员在线请求计划时，就会预先提供所有的客户数据和汽车信息

如果客户接受了计划，请继续进行第 ⑰ 步。

第 ⑯ 步：客户未接受计划

客户决定不使用免费的监控和道路救援计划，离开销售点（见图 11.28）。通过有回报的温暖度进行关系价值行为的尝试失败了，这被记录在后端。这一步骤涉及云计算、机器学习和人工智能技术。

在确认客户没有再次订购新车（计划）后，销售人员更新与拟议的计划相关的"拒绝"状态，然后进一步记录为包含客户数据和运营数据的数字化转型解决方案（见图 11.29）。在图 11.29 中，客户拒绝该计划的事实分别通过使用计划（①，②）和客户（③，④）服务被记录为计划数据和客户数据的一部分。这些新的数据作为新的输入提供给机器学习和人工智能系统，用于未来的模型训练、分析和报告，以及自动化决策。

图 11.28　客户旅程以客户未接受计划离开经销商而结束

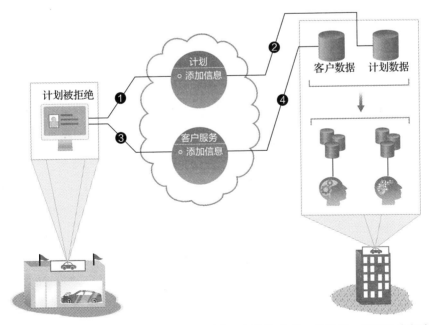

图 11.29　销售人员更新与拟议的计划相关的"拒绝"状态，然后进一步记录为包含
客户数据和运营数据的数字化转型解决方案

第 ⑰ 步：处理订单，更新客户账户

客户决定继续使用免费的监控和道路救援计划。作为计划文件的一部分，销售人员需要询问客户愿意通过内置传感器分享哪些类型的使用信息。如果客户对数据隐私有顾虑，那么被监控和分享的数据量将受到限制。然而，销售人员指出，限制数据可能会限制汽车制造商主动协助客户避免和解决潜在的汽车维护问题。

一旦客户表明可以分享数据的范围，销售人员就会下订单订购该计划（见图11.30）。销售人员立即收到回复，确认计划已获批并处于激活状态。这一步涉及的技术包括云计算、区块链、机器学习和人工智能。

云计算　区块链　机器　人工
　　　　　　　　学习　智能

图 11.30　客户继续执行该计划，然后订购该计划，并将其视为作为关系价值行为的
　　　　　一部分的交易

监控和道路救援计划并不是为每位客户定制的。客户的汽车将在此计划下进行监控的事实进一步记录在后端的客户数据中（见图11.31）。在图11.31中，工作站销售人员通过订单服务提交计划的订单（①），该服务与组织的IT后端进行交互，注册订单并将部分订单数据存储在不可变的区块链审计数据存储库中（②），以便保存历史记

录。客户接受计划后进一步在客户档案中进行注册（③，④）。新更
新的客户数据和操作数据可作为新的输入提供给机器学习和人工智能
系统，供其用于未来的模型训练、分析和报告以及自动化决策。

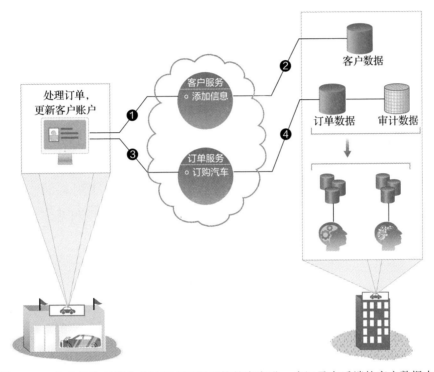

图 11.31　客户的汽车将在此计划下进行监控的事实进一步记录在后端的客户数据中

第 ⑱ 步：安装汽车传感器

客户等待期间，在客户订购的新车上安装传感器（见图 11.32）。
然后，将传感器与汽车制造商的后端进行连接。这种关系价值行为通
过延长与客户的关系持续时间来扩展现有的客户旅程（并引入新的客
户旅程）。

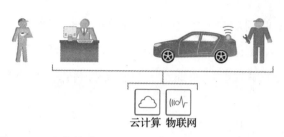

图 11.32   安装传感器，通过云与更大的物联网系统连接

　　一旦安装并激活传感器，销售人员就会将客户的账户与跟踪系统联系起来。然后使用遥测数据跟踪和捕获客户的历史信息，然后将其作为操作（跟踪）数据和历史客户数据的一部分进行存储（见图11.33）。在图11.33中，销售人员的工作站通过客户服务（①，②）更新客户配置文件账户，该服务将其链接到组织的IT后端的监控系统。汽车上的传感器通过跟踪服务（③）和更大的物联网系统建立连接，并将客户数据存储到客户档案中（④）。

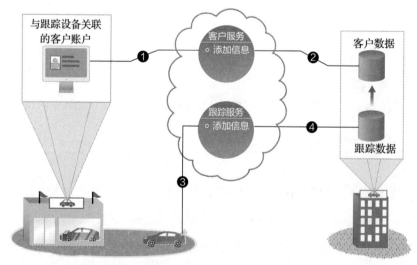

图 11.33   用遥测数据跟踪和捕获客户历史信息，然后将其作为操作（跟踪）数据和历史客户数据的一部分进行存储

第 ⑲ 步：客户乘坐新车离开

客户乘坐已安装监控设备的新车离开（见图 11.34）。这种持续进行的数据流涉及的技术包括云计算、物联网、机器学习和人工智能。

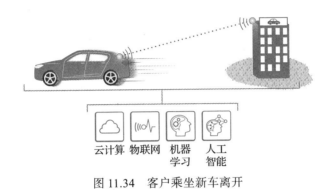

图 11.34　客户乘坐新车离开

客户的汽车通过已安装的传感器与汽车制造商保持连接汽车制造商。获取并存储与汽车未来的运输活动、运动功能和其他一些功能的使用相关的数据（图 11.35）。在图 11.35 中，在汽车使用或运输过程中，传感器会定期连接到遥测服务（①），以上传获取的活动数据。遥测服务作为一个更大的物联网系统的一部分，将跟踪数据传输到组织的 IT 后端，在那里存储并与客户配置文件关联（②）。更新后的客户数据和操作数据可作为新的输入提供给机器学习和人工智能系统，用于未来的模型训练、分析和报告以及自动化决策。

注释：经客户同意，获取的遥测数据也可以与第三方组织共享。例如，这些数据可以提供给一家保险公司，该保险公司可以根据被监控的驾驶习惯选择调整客户的保险费。

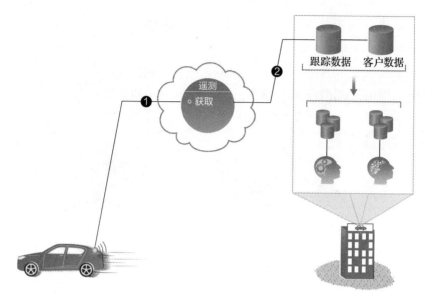

图 11.35　与汽车未来的运输活动、运动功能和其他一些功能的使用相关的数据将被
　　　　　收集并存储给汽车制造商

第 ⑳ 步：经销商跟进

　　一段时间后，经销商跟进并提醒客户进行汽车的维护检查或注意车辆的某个部件（见图 11.36）。在经销商的积极联系下，客户随后会访问经销商进行汽车维护。

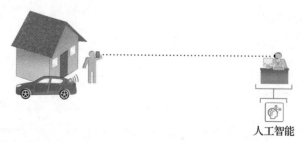

图 11.36　经销商联系客户，建议带车来进行服务访问。此通信由后端人工智能系统
　　　　　的请求发起

负责处理跟踪数据的人工智能系统通过遥测数据捕获接收足够的
事件数据和警报，以确定汽车是否需要安排车检。因此，人工智能系
统会通知销售人员通过交流沟通来联系客户（见图 11.37）。相应地更新
客户数据（①），并向销售人员的工作站发送通知（②），与客户联系。

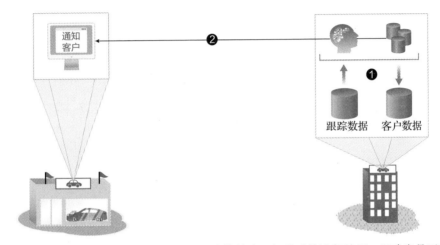

图 11.37　跟踪数据由最终执行智能自主决策的人工智能系统进行处理，以确定是否
　　　　　需要联系客户

第 ㉑ 步：经销商提供以旧换新

经过较长一段时间后，销售人员通知客户有机会以旧车换购一款
新车型（见图 11.38）。

汽车制造商的 IT 后端中的人工智能系统一直在处理与客户旅程
中此阶段相关的以下客户数据和运营数据：

- 客户车辆的运输跟踪数据，因为车辆的里程数不断增加，且经
  受更多磨损。

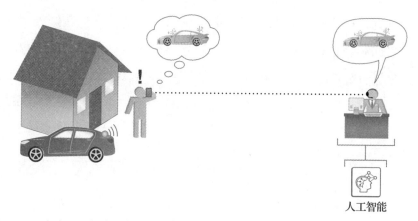

图 11.38 客户已经拥有这辆车一段时间了，它不再是新车。销售人员再次主动热情
地与客户接触，提议以旧换新

- 利用跟踪数据提供了关于客户如何使用汽车的建议，包括驾驶路线、汽车的常用功能，甚至乘客在车内的频率和停留时间。

- 当前汽车产品数据，人工智能系统试图将其与客户的偏好、驾驶习惯和其他在客户个人资料中记录相匹配。这些个人资料已经过多次更新和完善。

在这个分析过程中，可能还包括许多其他类型的输入数据。当人工智能系统确定具备足够的数据并且时机合适时，它决定应该联系客户进行交易。这次沟通中后端会生成一个在线汽车设计，根据客户已知的喜好定制功能和附件，并将汽车设计添加到客户在移动应用程序上的个人资料中（见图 11.39）。在图 11.39 中，人工智能系统先处理和分析与客户及相关汽车使用相关的数据（①），然后进行智能自主决策，确定客户很可能已准备好将之前购买的汽车以旧换新（②）。销售人员收到了新提议的汽车型号的在线设计，并被要求将该汽车设计发送到客户的移动应用程序（③），然后通过电话跟进，传达沟通的热情。

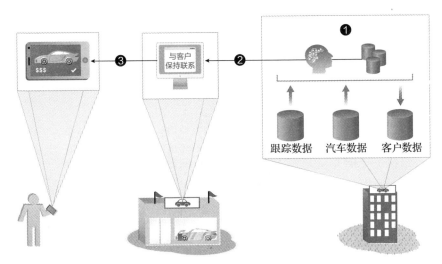

图 11.39　在线汽车设计，根据客户已知的喜好定制功能和附件，并将汽车设计添加
　　　　　　到客户在移动应用程序上的个人资料中

再次进行第①步：客户再次访问经销商

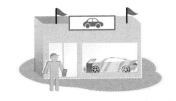

如果客户同意考虑以旧换新，客户将返回经销商开始全新的旅程（见图 11.40）。这一次，业务流程涉及了培养长期的客户关系。当成功建立和维持与客户的长期关系时，这种以旧换新的业务循环可以无限迭代。

图 11.40　客户返回经销商咨询新车型

　　我们的最终目标是与客户建立互惠互利的长期关系，因为这将带来业务稳定和持续的业务增长机会。

11.5　制定未来决策

　　随着每个购车业务流程的完成，客户新的数据被收集和处理。这还通过不断增加的新第三方数据得到了进一步补充。这种持续累积的新数据增加了可供汽车制造商使用的数据智能的数量和质量。

- 使用新的和改进的数据智能来改善现有的业务流程。
- 使用新的和改进的数据智能来发现引领新创新和新业务的见解。

　　换句话说，底层的数据科学技术不仅用于支持数字化转型解决方案和改善客户旅程，还用于向汽车制造公司的决策者提供数据智能，以支持他们进行战略决策（见图 11.41）。

图 11.41　汽车制造公司的决策者利用数据智能进行战略决策